ゴルフ パットシングルになる!

中井 学・著

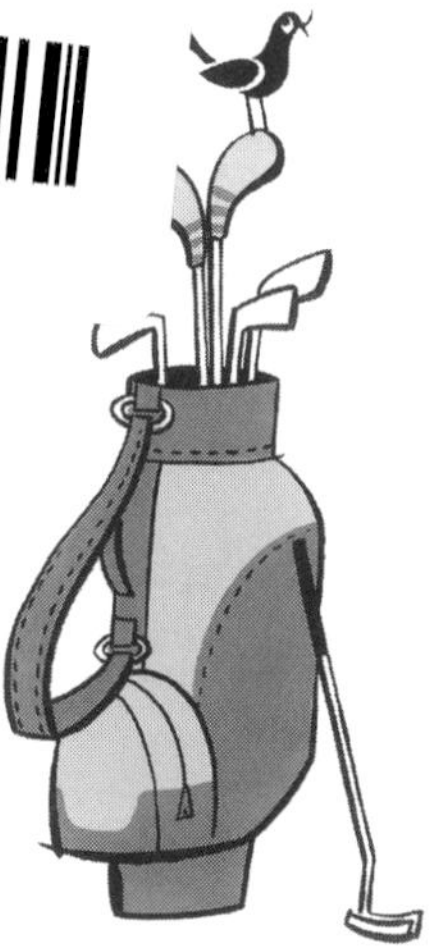

池田書店

はじめに

ハンディ9以内のシングルゴルファーは、全体の3パーセント程度だそうです。シングル入りなんて、遥かなる夢物語さ。あなたは、早いうちからそう諦めていませんか。

あるアマチュアゴルファーとラウンドしたときのこと。その人は大体90前後で回るレベルですが、「パーは72だけど、パットのパーは36ですよね。私はパットをパープレーで、もしくはパープレー以下で回れたときは、簡単に90が切れていることを発見しましたよ」と、目を輝かせていうのです。

さすが目のつけ所が違うな、と感心しました。シングルゴルファーにとっても、72のパープレーで回るのは大変なこと。しかし、パットのパープレー36は、ちょっと頑張れば達成できそうな気がしませんか？

現に何度かクリアしている人も多いことと思います。しかし、ドライバーやアイアンの出来には一喜一憂しても、パットのパープレーを目標にしてプレーした経験のある人は、どれだけいるでしょうか。

そこで、「パットシングル」を目指すことを、あなたに提案したいと思います。18ホールの合計で、毎回36パット以内でラウンドする力がついたら、立派なパットのシングルゴルファー。そのときから、アプローチやアイアン、ドライバーなどのショットに対する考え方もが180度変わり、大きくレベルアップしているはずです。つまり、まずパットシングルを目標にすることが、シングル入りの早道なのです。

プロトーナメントを観戦してもわかるとおり、豪快なドライバーショットには目を奪われることでしょう。それに対して、グリーン上のパットは、バーディやイーグルのパットが決まるかどうかのスリリングな展開があったとしても、演出的には地味に思えるに違いありません。

「ドライバー・イズ・ショー　パット・イズ・マネー」といいます。

しかし、ドライバーで勝敗の行方が決するわけではなく、そのホールのスコアを左右するパットの出来で勝者と敗者が決まるのです。プロたちの誰もが理解しているように、賞金を稼ぐにはパットが肝要です。

同じようにシングルレベルの上級アマチュアゴルファーも、パットがスコアメイクにもっとも影響することを、体験上理解しています。パターは14本のうちで一番使用頻度の高いクラブですし、グリーン上のありとあらゆる状況への対応力が求められます。また、パターほど様々な距離を打ち分けなくてはならないクラブは他にありません。だから、プロや上級者たちは、パットの練習にもっとも多く時間をかけています。

ところが、スコアがなかなか伸びないというゴルファーたちは、カップからもっとも遠く離れた場所で使うクラブばかり練習します。これがスコアアップを遅らせている一番の要因です。シングル入りを目指すなら、カップに一番近い場所で使うパターをもっともっと練習する。これが大事です。

パットの練習は地味ですし、すぐに飽きてしまうかもしれません。それに、パットに関するレッスン書もほとんどなく、情報を収集しにくい面もあるでしょう。

本書では、パット上達に欠かせない知識、長続きするパット練習法、グリーン攻略のポイントなどを解説しました。「パットシングルになろう！」と決意を固めたゴルファーの皆さんにとって、最良のガイドブックになることを願ってやみません。

中井　学

ゴルフ パットシングルになる！

CONTENTS

第2章 シングルになれるパッティングとは？

第3章

知っておくと得するパットの真実

第4章 自分に合ったパターの選び方

第5章

パットシングルになれる自宅練習法

第6章

30パットを目指すグリーン攻略法

第1章
パットシングルになると、上達がこんなに早い

第1章

パットシングルになると、上達がこんなに早い

パットシングルとは何か？

パットシングルとは、一言でいえば「パットが上手い人」のことです。ラウンドするときは、スコアカードにホールごとの打数を記入しますが、同時に各ホールのパット数も、必ず記入していることと思います。ところで、現在の自分の平均パット数がどれくらいかを正確に把握している人はどれだけいるでしょうか。

私はアマチュアゴルファーとラウンドする機会がよくありますが、いつも気づくのは、全体のスコアアップを目指して躍起になっている割には、パット数のスコアアップに関しては無頓着であることです。トップアマやシングルゴルファーが、ショットの1打よりもパットの1打を丁寧に打つのに対して、一般のアマチュアゴルファーは、ショットは緊張しながら打っているのに、パットでは無造作に打ってしまうわけです。つい最近プレーしたコースでも、OBを3回打ったことは鮮明に記憶しているが、3パットを6回もしたことは忘れてしまった。こうしたアマチュアゴルファーが大半なのです。

パットシングルを目指すには、自分の平均パット数を知ることからスタートしましょう。

1年間のスコアカードを保存している人は、年間の平均パット数を算出してもいいし、最近の5回のプレーだけを計算しても構いません。なかなか100が切れないという人は、ショットのミスも多かったとしても、平均パット数を算出してみるとグリーン上でどれだけ叩いているか、すぐに気づくことでしょう。

逆にパットの上手い人は、スコアがまとまっているはずです。ショットがあまり上手くなくても、グリーン上での大叩きが少ない人は、簡単には100は叩きません。私は1ラウンドを30パット以内で上がれる人は、100を叩くはずがないと信じています。100切りどころか、シングルハンディにも絶対になれます。

キャリアだけは長いのに、ハンディアップは遅々として進まない。そんな悩みを抱えるゴルファーは、おそらく年間の平均パット数が何年経っても変わっていないことが考えられます。ショットのレベルアップももちろん大切ですが、それ以上にパットのレベルアップが重要です。パットの上達こそ、ハンディアップの近道なのです。そして、実戦のラウンドでは、パットの一打一打を安易に打たないこと。ショットよりもパットに集中するくらいの気持ちでプレーすることです。パットシングルを目指すなら、その心がけを忘れないでください。

パットシングルになると、上達がこんなに早い

全ホール2パットで上がることを目標にシングルを目指せ

スコアの約４割はパットが占めるといわれます。とすれば、１００を切ることが目標のゴルファーなら40パット以内で上がれるように頑張ってプレーすればいいわけです。90を切りたい人なら36パット以内、80を切るなら32パット以内が目標という計算です。

しかし、私としては18ホールのすべてを2パットで上がり、合計36パットでホールアウトすることを目標にして欲しいと思います。１００がどうしても切れない人は、少なくとも42〜43パットは叩いているはずです。トップアマの人たちは、試合でプレッシャーがかかるときは、３パットしてしまうこともときにはありますが、プライベートなラウンドでは3パットはまずしません。それに比べて一般のアマチュアは、いとも簡単に3パットしてしまいます。

技術面が劣っているところにも原因がありますが、パットの一打一打にもっと集中力を注ぎ、取りこぼしをできる限り減らそうという努力に欠けているのが、一番の要因と思えてならないのです。

ご存知のようにパー3ホールは1オン2パット、パー4ホールは2オン2パット、パー5ホールは3オン2パットのパーが基準となっています。つまり、18ホールすべてを2パットで上がるということは、パット数だけでいえば「パープレー」です。18ホールのショットの内容がすべてボギーオンでも、2パットで上がればちょうど90です。ショットのミスをパットでカバーできる力をつければ、おのずとハンディアップに直結することが理解できるでしょう。

ドライバーの飛距離を伸ばす。アイアンショットの正確性を磨く。アプローチの精度を上げる。このようにショットが上手くなることを第一に考える傾向がありますが、パットに磨きをかけることにも、もっと目を向けて欲しいのです。「オレはショットはあまり上手くないけど、パットはシングルなんだぜ」と胸を張っていえるようになるのも、ひとつの目標の立て方であり、ゴルフの楽しみの幅を広げるキッカケにもなると思います。

ちょうど36パットで上がれたら、パットのハンディを10として、32パットならハンディ6と考えましょう。そのくらいのレベルになれば、90を確実に切る力がつきます。26パットならハンディ0です。このようにラウンドごとに、パット数のハンディを記録しておくと、パットに対する熱意がいっそう高まり、シングル入りのチャンスも見えてきます。

第1章

パットシングルになると、上達がこんなに早い

パットシングルを目指せば、スイングも上手くなる不思議

何故、パットシングルを目指すことが、ハンディアップに直結するのか。18ホールの総パット数が減少すれば、スコアもよくなるのは当たり前ですが、本当の理由はプレーの質が向上するところにあるのです。

たとえば、あるホールを1パットで上がったとします。長いパットが運よく入ることもあれば、短いパットを一発で決めるなど状況は様々ですが、大抵はアプローチがピンの近くに寄って1パットで沈めたというケースです。アプローチが寄っているということは、アプローチのスイングがよい証拠です。

また、2パットで上がれるのも、2パットで上がりやすい場所に球を乗せていることを意味します。これはアイアンショットがよい証拠。よいアイアンショットが打てるということは、正確なショットが打ちやすい場所に、ティショットを打てているのです。つまり、ドライバーからアイアン、アプローチまでのショットの組み立てがよくなるわけです。

すべてのホールにおいて、2パットで上がることを目標にするには、それなりの作戦を

しっかりと練る必要があります。ティグラウンドからスタートして、最高のドライバーショットを打つ、ピンを狙って最高のアイアンショットを打つ。多くのゴルファーはプレーの理想ばかりを追い求めようとしますが、こんな考え方では通用しません。完璧なショットを打つことは捨てて、ピンのほうからティグラウンドへと逆にたどり、安全で確実な攻略ルートを探りましょう。

２パットで上がるには、アイアンショットでグリーンのどの辺を狙えばいいか。そのためには、ティショットでフェアウエイのどの辺に目標を設定すればいいか。また、仮にアイアンショットでグリーンをはずした場合は、グリーン周りのどの辺からがピンの近くに寄せやすいか。３パットを打たないようにする作戦に見合ったショットの実践が、上手いスイングです。パーフェクトなショットを打つのが、決していいスイングとは限りません。

過去の賞金王の顔ぶれを見てください。青木功《あおきいさお》選手、尾崎将司《おざきまさし》選手、中嶋常幸《なかじまつねゆき》選手、谷《たに》口《ぐち》徹《とおる》選手、片山晋呉《かたやましんご》選手、それに石川遼《いしかわりょう》選手や金庚泰《キムキョンテ》選手。賞金王にパットを苦手とする人などいません。どの選手もパットが上手いことで、よく知られています。それだけでなく、ショットのクオリティーの高さも光っています。「パットが上手い＝ショットも上手い」という図式が成り立つわけです。

ショットとパットは別物ではない

ショットとパットは別物か。これは意見が分かれるところですが、私はショットとパットは別物ではないと考えます。

ドライバーやアイアンなどのフルスイングや、アプローチなどの振り幅をコントロールするスイングでは、軸を中心に体を回転させますから、クラブフェースを自動的に開閉させる動きが加わります。バックスイングで体の回転にしたがってフェースが自動的に開き、インパクトの手前からフォロースルーにかけてはフェースが閉じられるわけです。フルスイングと振り幅をコントロールしたスイングに分けられますが、どちらにしても緩やかな曲線であるインサイドインの軌道で振るという点では共通です。

それに対して、パットにおいては、「できるだけストレートに振りたい」というのが、ショットとパットを別物と考えるタイプです。ロングパットのように振り幅が大きくなれば、どこまでもストレートに振るのは不自然ですから、緩やかなインサイドインの軌道になることは認めつつ、パッティングロボットのようにパターをできるだけ真っ直ぐに動かしたいという考え方です。自分の感情を抑制した、機械的なストロークといえます。

できるだけストレートに振る考え方も間違いではないし、それが合っているゴルファーも大勢います。しかし、私なりの見解を述べさせてもらうと、ドライバー、アイアン、アプローチとショットをつないでグリーンオンし、パターを手にしたときに、ショットと別物の動作を意識すると、体の動きのリズムとか感覚などに違和感が生じてしまう気がしてならないのです。グリーンに上がってからも、他のショットを同じ流れでリズムよくストロークしたい。だから、ショットとパットを別物とは考えたくないわけです。

コントロールショットなどの距離感を磨きたい場合は、最初にフルスイングの距離を把握し、それから振り幅を加減して自分なりの距離感をチェックします。アプローチウェッジのフルスイングが90ヤードなら、それから振り幅を変えて、50ヤードなり、70ヤードなりの距離をつくるわけです。しかし、スイングをつくる練習であれば、パットのような小さい振り幅からスタートするのが合理的です。次に、ウェッジを持って腰くらいの高さのハーフスイングへと進み、基本的な体の動きをマスターしてから、振り幅を少しずつ大きくしてフルスイングへと近づけていきます。言い換えれば、フルスイングの基本は、実はパットのストロークにあるのです。

第1章

パットシングルになると、上達がこんなに早い

ショットはいいけど、パットはダメなんてあり得ない

「グリーンに乗ったのに、3パットしちゃったよ〜」なんて嘆きの声をあげるゴルファーがよくいます。折角パーオンしたのに、結果がボギーでは悔しい気持ちもよくわかります。「ショットはよかったのに、パットが悪かった」という心理が、そこには働いていると思います。しかし、ショットがよくて、パットが悪いなんてことは、実際にはあり得ないのです。

以前、こんなことがありました。私がQT（クォリファイングトーナメント）の地区予選に出場していたときの話ですが、2日間36ホールのうち、34ホールでパーオンに成功しました。ところが、パット数は2日間とも40以上。スコアも70台後半という散々の出来でした。

プロトーナメントには各プレーヤーの平均スコアとかパーオン率、平均パット数など、部門別のデータが集計されていて、プレーヤーごとの特徴や得手不得手などの分析が可能です。パーオン率に関しては、パー4ホールの1オンやパー5ホールの2オンも含まれますが、優れたプレーヤーでもせいぜい67〜72パーセント。つまり、トップクラスでも18ホ

ール中、パーオンに成功するのは12～13ホールに過ぎないわけです。

平均パット数は、1ホール当たりの平均パット数で、パーオンしたホールのみを対象にしています。パーオンに失敗したけれど、アプローチでピンの近くに寄せて1パットで上がっても、そのパット数は記録として残されないことになっています。

パーオン率が高いプレーヤーほど、ショットの安定性が高いことを表していて、同時に平均パット数が計測される機会も増えるのです。それは百も承知として、私がＱＴで2日間とも高いパーオン率を残したのに、何故40パットも叩いてしまったのか。当時の私はパットの自信喪失に陥り、パット恐怖の呪縛からなかなか逃れないでいました。

グリーンのどこに乗ったかで、パット数が大きく変わる

でも、そもそもパーオン率って何だ⁉　それを改めて、思い直してみたときに、気がついたことがあるのです。パーオンを狙うショットで、グリーンに乗ったという結果はよしとしても、グリーンのどこに乗ったかで1パットで上がれるチャンスもあれば、3パットにつながりかねないピンチもある。3パットを招くパーオンショットは、決してグッドショットではないわけです。ならばグリーンをはずしても、アプローチで寄せてパーを拾っ

たほうが、スコアがまとまりやすいといえます。

私の尊敬する先輩プロに、湯原信光《ゆはらのぶみつ》選手がいます。レギュラーツアーで7度の優勝をあげ、現在もシニアツアーで活躍中ですが、湯原選手といえばショットメーカーとして、今もなおよく知られている存在です。一方、平均パット数のデータは決してよいとはいえないため、パットがあまり上手くない印象を受けるのではないでしょうか。

でも、それは違うと思うのです。湯原選手の場合、ショットが上手いプレーヤーとしてのカラーがあるために、本人もパーオン率へのこだわりがあったのかもしれません。一方で高いパーオン率を残しながら、数字に表われないミスショットも出ている現実に、相当のジレンマがあったことと察します。

また、あれほど無敵だったタイガー・ウッズがスランプに陥ったのは、パットが入らなくなったためですが、それは得意なフックラインでカップを狙える機会が減ったからで、直接的な原因はショットの不調にあるのです。

パットがよくないのは、ショットもよくないためです。冒頭の「グリーンに乗ったのに3パットした」というのは、パットが決して悪いからではなく、グリーンに乗せたショットの内容が悪かったから。そこを勘違いしないことです。

グリーンに乗せたショットによってパット数は変わる

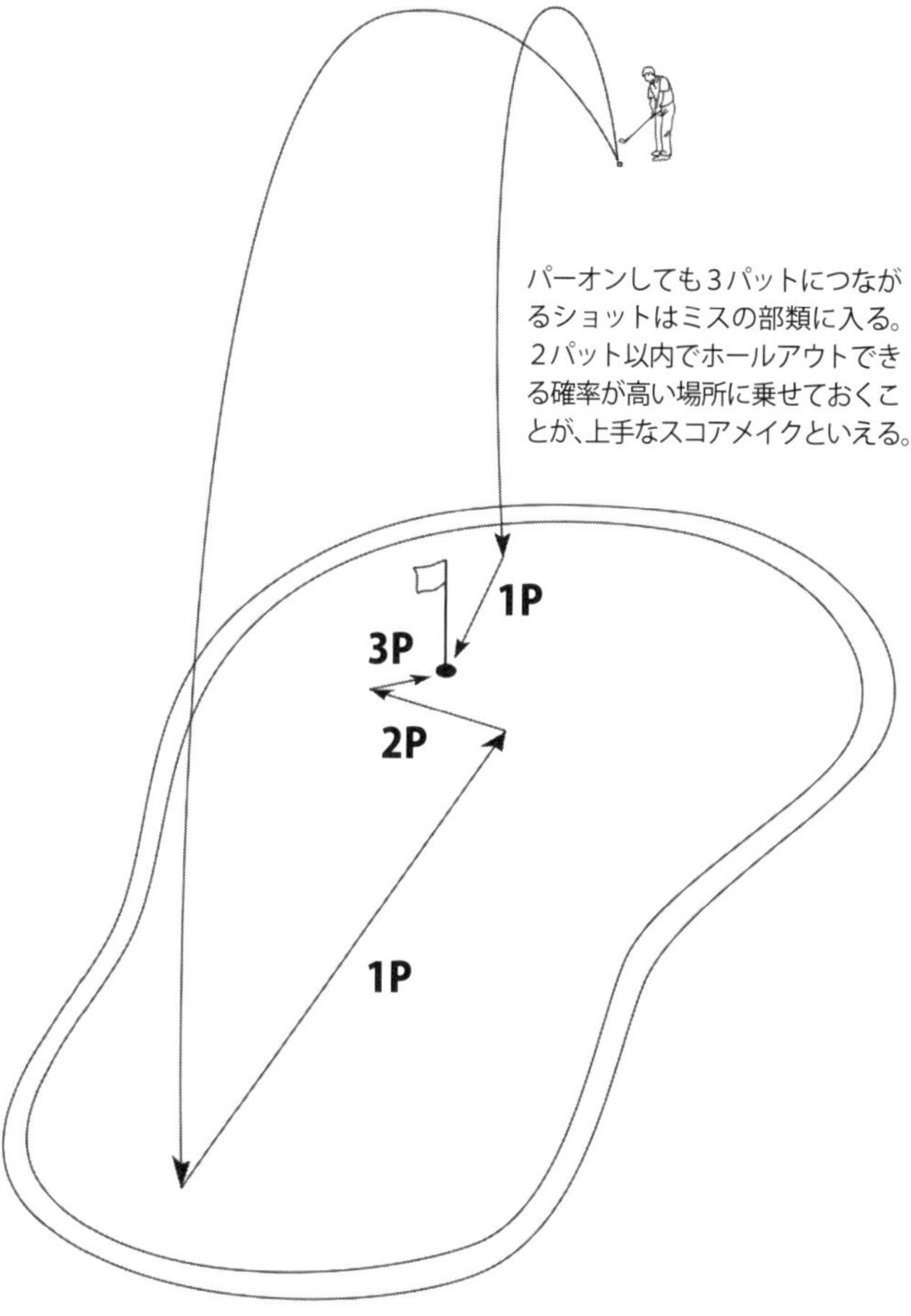

パーオンしても3パットにつながるショットはミスの部類に入る。2パット以内でホールアウトできる確率が高い場所に乗せておくことが、上手なスコアメイクといえる。

第１章

パットシングルになると、上達がこんなに早い

「パットが下手なのはメンタルのせい」と逃げるな

ショットはいいのに、パットの出来がよくない。グリーンを狙うショットで、きっちりグリーンをとらえていながら、3パットがすぐに出てしまう。私が2日間続けて40パット以上したときのように、なかなか結果が出ないでいると、諸悪の根源はパットにあると決めつけてしまいがちです。

グリーンを狙うショットにしても、ピンに寄せたいアプローチにしても、パットを入れやすい場所に乗せていないし、寄せていない。それが原因なのに、パットが入らないからスコアがつくれないと考えて、パットに責任を押しつけるなんて本末転倒です。

私自身、パットが入らないのは、パットが下手だからとその時思い込んでいました。下手だと思っていたから、猛練習もしました。練習では入るようになっても、試合になるとまったく入らない。とくれば、技術以外に原因があるのではないか、と疑いたくもなります。そこで、たどり着いたのが「メンタルの弱さ」です。

結果が出ないのはパットのせいとして、もっと精神面を鍛えろ、なんていうコーチがい

ます。入らないのは、「はずしたくない」気持ちが強すぎるからで、「入れる」気持ちでストロークしろなどと、アドバイスされた人も少なくないでしょう。入れたいパットを、自信を持って打てるようになるには、メンタル面の強化も必要な課題かもしれません。しかし、「入れるぞ！」と強く念じて、すぐに入るようになるほど、パットは生やさしいものではないのです。コーチの立場なら、「パットが下手なのはメンタルに問題あり」と一言で済ませるのは、絶対にしてはいけない行為だと思います。パットが入らない原因が他にあるのに、メンタルのせいと逃避していては、パットが入るようにはなるわけがありません。

難しいラインのパットばかりを打っていては、パット数が増えてしまうのは当然です。これはかりは、メンタルだけではカバーしきれないのです。それよりも、コースマネジメントをもう一度見つめ直して、２パット以内でホールアウトできる確率の高いアイアンやアプローチの狙い方に重点を置くことが重要です。私もそのように思考を改めてみたら、パットがよく入るようになりました。「なんだ、オレはパットが上手いんだ」と、自信がついたものです。そこにはメンタル的な要素が入り込む余地など、まったくありません。

難しいパットを打つ回数を減らし、やさしいパットを打つ回数を増やす。これが、パットシングルになる決め手といえます。

パットシングルになると、上達がこんなに早い

アメリカではパッティングから教えるため、上達が早い

私は高校卒業後にアメリカに渡り、カリフォルニア州のグレンドーラにあるシトラスコミュニティカレッジに入学しました。そこでゴルフの腕を磨いたわけですが、アメリカのゴルフ環境を間近に見て、日本との大きな違いをまざまざと感じさせられたものです。

とくに感銘を受けたのは、アメリカのコーチングの方法です。アメリカの場合、ゴルフの未経験者は最初にゴルフコースへ連れて行かれます。そこには練習グリーンがあって、まずパッティングから教わります。クラブをまったく握ったことのない人でも、パターでボールを転がすことは誰でもできます。カップを狙って入るか入らないかはともかくとして、ストロークの振り幅を変えて、色々な距離を打ち分けることを教わるのです。それができてから、アプローチのレッスンへと移ります。始めのうちは、グリーンまで近い場所から振り幅の小さいスイングで打ち、グリーンに乗せる練習をします。最初からピンの近くに寄せるのは難しいので、近くのグリーンに乗せる打ち方をマスターし、それから少しずつピンの近くに寄せる練習へと進んでいくのです。ショートアイアンやミドルアイアン

などのフルショットの練習は、その後の段階です。

ところが、日本では練習場に連れて行かれて、7番アイアンなどのフルショットから教わるパターンが普通です。未経験者でありながら、練習場のティーチングプロに教わりもせず、いきなりドライバーを振り回す危険な行為に走る人もいるほどです。フルスイングでは、ボールになかなか当たりませんから難しく感じてしまうし、当たるまで一生懸命に練習しようと頑張ります。努力することは素晴らしいのですが、練習の効率は決してよいとはいえません。

簡単にできることからスタートする。これがアメリカ式のレッスンであり、確実にステップアップするための最善策だと思います。さらにはパットやアプローチの練習を最初に多く積んでいくことで、スコアメイクの重要性をしっかりと理解できます。だから、アメリカのゴルファーはパットの練習もよくやるし、実際パットシングルが多いのです。練習場でいきなりフルショットから教わる日本のゴルファーたちは、パットの練習を軽視してしまう傾向が見られます。そこに、アメリカと日本のゴルファーのスコアの差となって表われるわけで、とても残念に思います。

パットシングルになると、上達がこんなに早い

パターほど、様々な距離を打ち分けるクラブはない

ドライバーは飛距離を稼ぎたいクラブですし、フェアウエイウッドも２００ヤード先のターゲットを狙うためのクラブです。アイアンは打ちたい距離に応じて番手を使い分けます。１００ヤード以内になれば、スイングの大きさをコントロールして、距離を打ち分けます。

ターゲットまでの距離が短くなるほど、方向性よりも距離感が大事になるわけですが、もっとも色々な距離の打ち分けが要求されるクラブは何だと思いますか？

アプローチに使うサンドウエッジやアプローチウエッジと答えた人は、パットシングルへの道は遠く険しいといわざるを得ません。何故か。パットの重要性をまだ理解していないからです。

よく考えてみてください。グリーンによっては30メートルを転がすこともあれば、１センチ転がすだけでいいケースもあるでしょう。転がしたい距離に応じて、ストロークの振り幅をコントロールするのが基本ですが、そこには距離に対する感覚を生かすことが大切

なポイントとなります。グリーンを狙うアイアンショットなら5ヤード、アプローチショットでも1～2ヤードの誤差は許されます。ところが、パットは1メートルどころか、10センチの誤差も許されないケースが少なくないのです。それだけ距離感にシビアなのが、パターというクラブなのです

ラインは決して難しくはないのに、狙ったカップの近くに寄らなかったり、まったく入らなかったりするのは、距離感がないからです。アプローチショットも同じことがいえますが、距離感は頭で考えることではありません。たとえば、10メートル先のカップを見て、素振りを繰り返すうちに、「このくらいの振り幅かな」と大体の目安がつくはずです。10メートル先の人にボールを下手投げで軽くトスするような感覚を出せばいいのです。20メートル先の人なら腕の振りが自然に大きくなるし、1メートル先の人であればもっと腕をゆっくり小さく振るでしょう。

自分の狙った場所に打てるかどうかも大事ですが、パットにおいては距離感を優先したいケースが多いのです。カップをほとんど見ないで、顔を下に向けて素振りを繰り返しても距離感のイメージが浮かんできません。頭の中でイメージするのではなく、「目で見た感覚」を頼りにストロークすることを心がけてみてください。

パットシングルになると、上達がこんなに早い

今のスタイルでどこまで上手くなれるかが大事

ドライバーやアイアンのショットで納得のできる球がなかなか打てないとき、「スイングを改造しよう」と決断した経験は誰にでもあるでしょう。ショットの改造の話は聞きますが、パットの改造については、まず耳にすることがありません。

パットが入らないのなら、直ちにストロークを改善しなさいといっているのではありません。日本のゴルファーの場合、アメリカのゴルファーと比較してパットの練習量が著しく不足していることや、距離感を磨くトレーニングをあまり積んでいないことなどから、パットシングルになれずにいるという現状があります。

入らないのは練習量が足りないのも一因ですから、構え方や打ち方が悪いと最初から決めつけないことです。現在のスタイルのまま、パットの練習や研究を積み、どこまで上達できるか、チャレンジして欲しいのです。

その途中過程で、自分の欠点を発見したり、こう改善すればもっとよくなるだろうと判断したりすることがあれば、そのときにストロークを改善すればいいのです。

また、パターに合わせてストロークを変えるか、ストロークに合わせてパターを替えるか、という考え方もあります。前にも述べましたが、ショットとパットを別物と考えるか、そうではないかによって、ストロークのタイプが分かれます。それぞれの構え方や打ち方については第2章で詳しく説明するとして、単純にいえば、ショットとパットを別物と考えるタイプは直進性の高いパターが適しています。パットもショットの流れと考えるタイプは、フェースの開閉が自然に使えるパターが向いているといえます。

パターの種類や形状については第4章でも解説しますが、パターの持つ性能とストロークがマッチしていないと、狙った方向にボールが転がらず、距離感も合いにくいという現象が起こります。自分がどんなストロークをしたいのか。どんなストロークが適正なのか。それを見極めることも大事です。パターの性能を十分に理解した上で、パターのよさを生かすためにストロークを改造する方法もあるし、自分がこのようなストロークをしたいかっと、それに適したパターを使う方法もあります。

自分自身ではパターを気持ちよく振れていて、正しいストロークを実行できていると思えるのに、狙った場所に打ち出せないのは、パターが合っていないことも考えられます。ストロークだけが悪いとは一概にいえないのです。

パットシングルになると、上達がこんなに早い

自分のクセに磨きをかける方法もいい

パットの名手と呼ばれるプレーヤーは、誰もが合理的なストロークをしています。動きに無駄がなく、滑らかなリズムでパターを振っているわけです。

しかし、中には例外もいます。その代表格が、ボビー・ロックとビリー・メイフェアの2人でしょう。1917年南アフリカ生まれのアーサー・ダーシー・ロック、通称ボビー・ロックはゲーリー・プレーヤー全盛以前に活躍したパットの名手ですが、彼のストロークの映像を見て度肝を抜かれたものです。アドレスはカップよりも大きく右を向き、ダウンスイングで上体をカップのほうに向けて打つスタイルですが、悪くいえばルックアップ・ストローク。インパクト前に顔がカップのほうを向いてしまうのですから、パットが入らないで悩んでいるゴルファーの見本のようなものです。ところが、これがポンポン入るのです。ショットも極端にクローズに構え、フックボールを打っていましたが、パットもまったく同じ。彼にかかったら全部フックラインに見えているようで、まさに神がかりです。

もうひとりのビリー・メイフェアは、1966年生まれのアメリカの選手です。往年は

パットが上手いことで知られていましたが、彼の場合はループ・ストロークでした。ショットはいたってノーマルなのに、パットに限っては、テークバックで極端にアウトサイドに上げて大きくループを描いて、ダウンスイングはインサイドから下りてくるという異型のスタイルです。動きからしてプッシュしか出そうもないのですが、これまたポンポン入るわけです。

何がいいたいのかというと、誰が見ても変則的なストロークでも結果が出ていれば、それで構わないということです。「パットに型無し」とよくいわれますが、ひとつだけ条件があります。何度ストロークしても、自分が狙った方向に打ち出せて、カップに入る確率が高いことです。

もし、あなたがもともとボビー・ロックや、ビリー・メイフェアのようなストロークをしていて、パットが得意というのなら、誰が何といおうと自分のクセを長所ととらえて、さらに磨きをかけることを勧めます。しかし、変則的なストロークをしているために、狙った方向に打ち出せず、カップインの確率が極めて低いのならば、ストロークを改善すべきです。自分のクセがマイナスに働いていることを素直に認めて、合理的なストロークのマスターに努めましょう。

練習をしない人ほど、パターに責任を負わせすぎる

「ショットがいいけど、パットが悪い」のは、絶対にあり得ないということは、前にも説明したとおりです。

グリーンには乗ったけれど、乗った場所が悪ければ3パットのピンチを招くケースが多いのを認めようとせず、3パットの結果だけを見て「パットが悪い」と決めつけるのはナンセンスです。悪いのはパットだけと思い込んで、ショットが悪いことにまったく気づいていないゴルファーも意外に多いのです。

しかも、パットが悪いと決めつけるゴルファーに限って、「練習していないから、パットが入らないのも当然だよ」と開き直っています。スコアがよくならないのは、パットが入らないせいと、パターにばかり責任を負わせておいて、その一方でパットが入らないのも仕方がないと、パットの上達を半ば放棄しているのです。

結論をいえば、この繰り返しでは、パットシングルには絶対になれません。そして、スコアアップのチャンスも永久にやってこないと断言していいでしょう。

よく考えてみてください。14本のうちでもっとも使用頻度の高いクラブは何でしょうか。それがパターであることは、誰でも気づくはずです。18ホールのすべてで2パットを目標にするなら、36回使います。ドライバーの14回よりも、手にする機会がずっとずっと多いのです。なお且つ、状況ごとにまったく異なる距離を打ち分けなくてはならない。使う回数が多い上に、つねに距離をコントロールする必要に迫られる。だから、それ相当の練習量が欠かせないわけです。

ところが、日本のゴルファーたちは、ドライバーで飛ばす練習が中心です。アイアンやアプローチの練習はしても、パットの練習はスタート前の練習グリーンでしかやらないという人は大多数でしょう。中にはパ

スコアがよくならないのは、パットのせいと決めつけないこと。パットの練習を多く積むことで、ショットのレベルアップにもつながる。

ットの練習もロクにせずに、スタートする人もいるくらいです。練習量が決定的に不足しては、どんなにやさしいラインでも入らないのは当たり前です。

プロやトップアマ、シングルゴルファーの場合は、カップに近いクラブほど練習の量が増えます。パットの練習なら、自宅でもすぐにできるし、その気になれば毎日の練習も可能です。1~2メートルの距離でもいいからパターマットなどを使って、真っ直ぐ転がす感覚をつかむとか、フェースの芯でヒットして、自分の狙った方向に打ち出せているかをチェックするなど、練習法はいくらでもあります。

練習グリーンで距離感をつかみたいなら、10歩くらいの距離を目安にするといいでしょう。カップを狙う練習だけでなく、ボールから10歩のところにティペッグをさしておき、そのティペッグに軽く当てる練習をしておくと、自分なりの距離感がつくれます。

パットはショットと比較すると、自分の感覚に頼る部分が多いため、センスを磨くことが大切です。センスの良し悪しが、問題ではありません。豊富な練習でパットのセンスの向上に努めれば、誰でも必ずパットシングルになれます。

第2章
シングルになれるパッティングとは？

パットで動かすところは、みぞおちだけ

パッティングストロークは、2つのタイプに分かれます。ひとつは、みぞおちの回転を使うストロークで、もうひとつは肩甲骨のスライドを使うストロークです。どちらを選択するかは自分の感性や好みにもよりますが、みぞおちの回転でストロークするタイプのほうがベーシックなスタイルといえます。

このタイプは、アドレスの前傾姿勢が浅めで、両ヒザをわずかに曲げて構えます。ボールの位置は左目の真下が基本といわれますが、ショット感覚で構えるため、アドレスの正面側から見れば左目の真下でも、後方側から見るとボールの位置は目の真下よりやや外側となります。両ヒジをあまり深く曲げないで、ボールからやや離れて立つ感覚でアドレスします。

そして、構えたときの両肩、両ヒジ、両手、パターの一体感をキープし、みぞおちの回転だけでストロークします。みぞおちの裏側の胸椎《きょうつい》が支点となるイメージです。

ボールを左目の真下よりもやや外側に置くため、テークバックではフェースを軽く開き

ながら上げていき、インパクトからフォロースルーにかけてはフェースを軽く閉じながら振り抜きます。パターヘッドの軌道は完全な直線ではなく、緩やかなインサイドインの軌道を描きます。ただし、意図的にインサイドインに振ろうとするのではなくて、ショット感覚に近いナチュラルな動きにまかせてストロークしているだけです。ショットとパットを別物と考えたくないタイプに適していて、私自身もみぞおちの動きを意識してストロークしています。

みぞおちの可動域はあまり広くはなく、左右30度くらいが限度です。それでもフェースの開閉を使うため、小さめのストロークでも球をしっかりとつかまえやすく、球がスムーズに転がるのが長所です。

ロングパットの場合は振り幅が大きくなるので、明らかにインサイドインの軌道に見えますが、振り幅の小さいショートパットでは、肩甲骨のスライドでパターを直線的に振るタイプと同じストレート軌道となります。

パターの形状は、ピン型やL字型のようにフェースの開閉がしやすいものを選ぶことを勧めます。トウとヒールが等重心のフェースバランスのパターは直進性が高いため、このタイプにはあまり適していません。

みぞおちの回転でストロークするタイプ

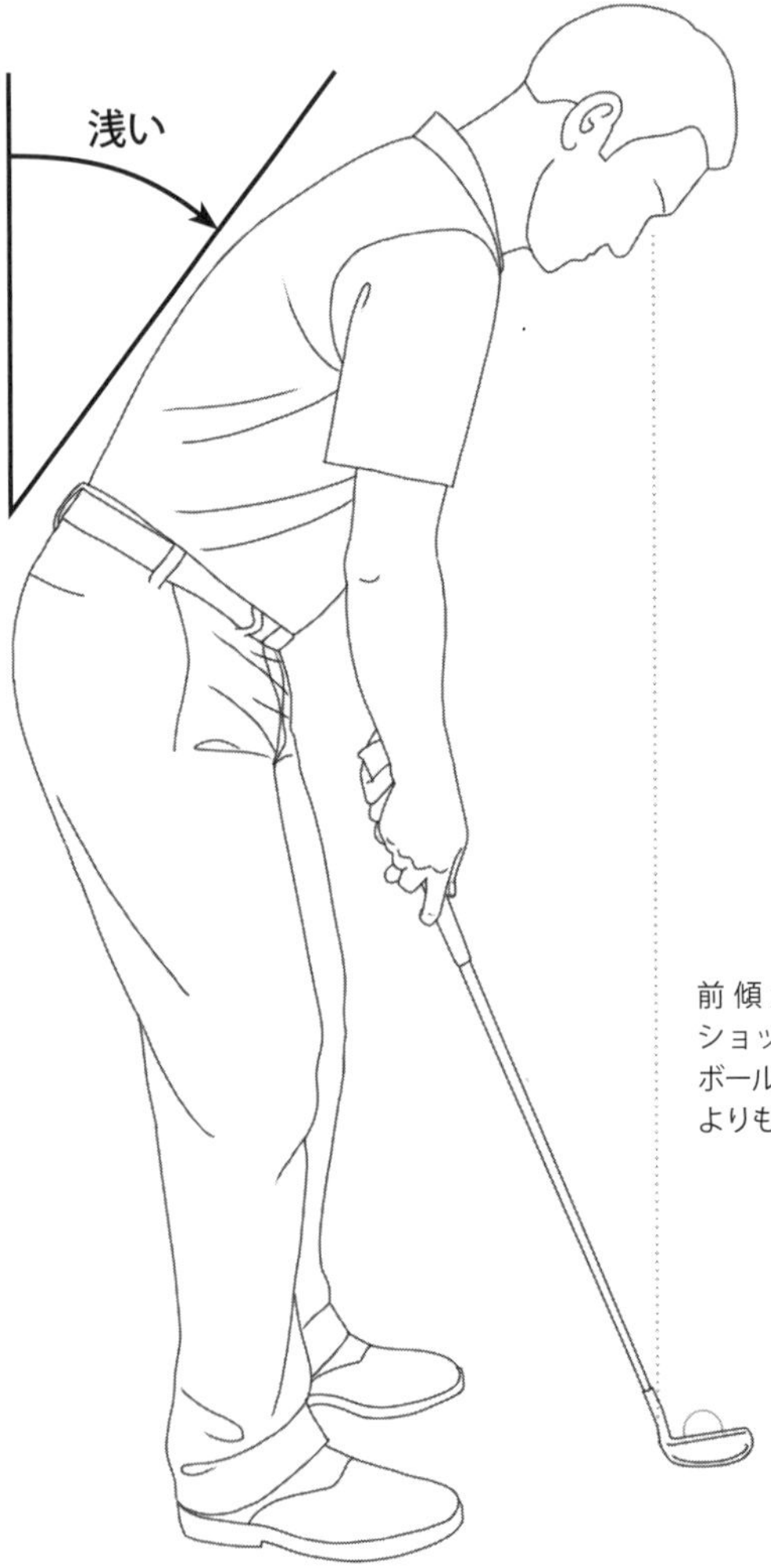

前傾角度が浅めで、ショット感覚で構える。ボールの位置は目の真下よりもやや外側となる。

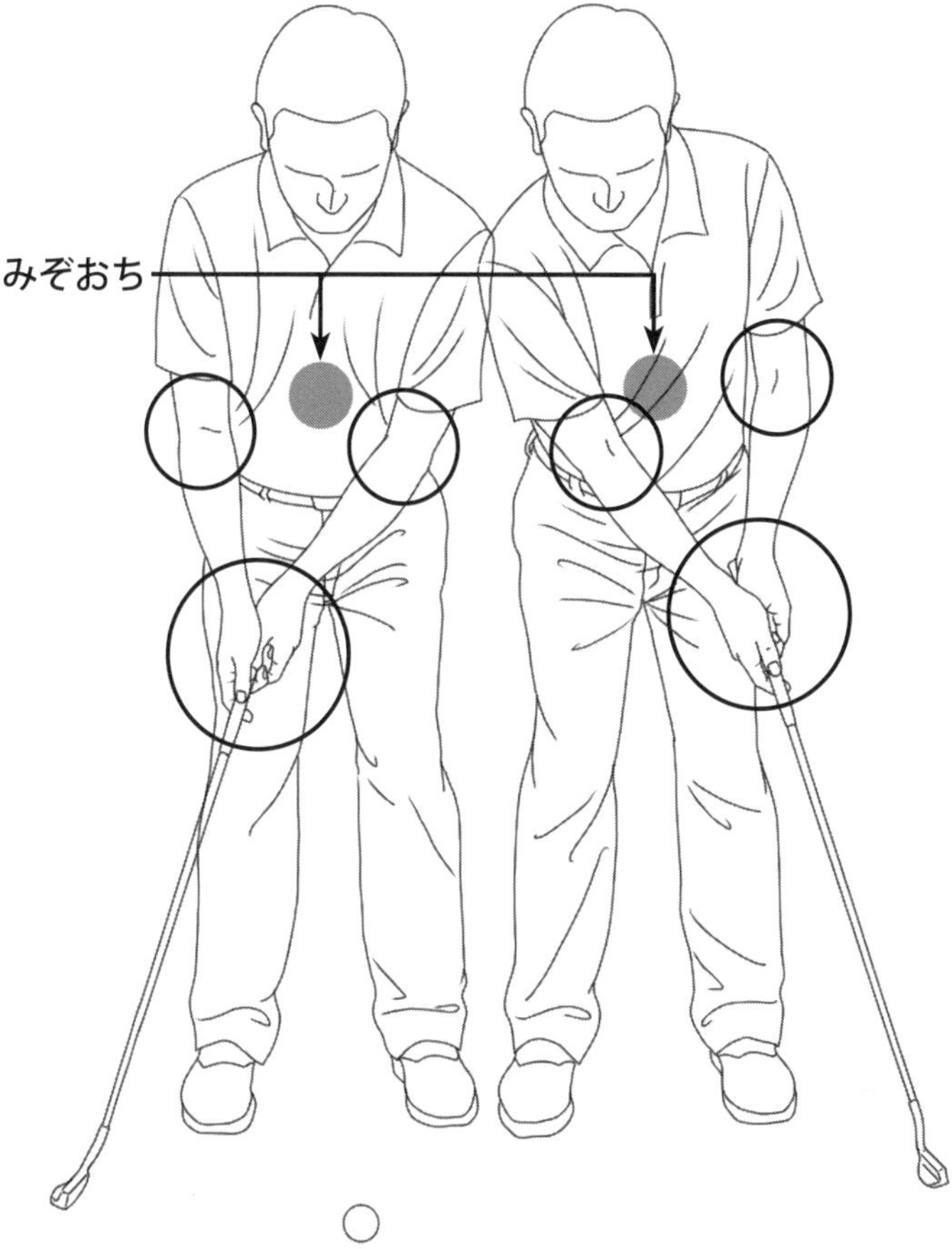

みぞおちの回転でストローク。両ヒジや手首の角度をしっかりキープし、フェースの開閉を使って打つのが特徴。

肩甲骨を使うストロークは、振り幅を大きくしやすい

肩甲骨を使ってストロークするタイプは、みぞおちを使うタイプと比べると、アドレスの前傾角度が深いのが特徴です。両ヒジを曲げて、両ヒザはなるべく真っ直ぐ伸ばしたままにし、腰の付け根から背中を丸めて、顔の面が地面とほぼ平行となるように構えます。ボールの位置は後方側から見ても、目の真下となります。両目のラインを、ちょうどボールを転がすラインの真上に重ねる感覚です。

この場合は、頸椎《けいつい》を支点とイメージし、肩甲骨をスライドさせてストロークします。テークバックで右の肩甲骨を後方に引き、インパクトからフォロースルーにかけては左の肩甲骨を後方に引くのです。肩甲骨はみぞおちよりも可動域が広いので、ストロークを大きくしやすいのが長所です。

ショットはインサイドインの軌道でスイングしても、パットはできるだけストレートに動かしたい。ショットとパットは別物と考えたい。こうしたゴルファーに適したスタイルです。肩甲骨のスライドによって、テークバックでパターヘッドを真っ直ぐに引きやすく、

インパクト後も真っ直ぐ出しやすくなります。フェースの開閉を使わないため、フェースをスクエアに保てる時間が長く、方向の安定性に優れています。

これだけ合理的なのだから、みぞおちの回転でストロークするよりもいいじゃないかと思うかもしれません。しかし、ショットと違った動きが要求されることや、自分の感性や感情といったものを抑制する必要性が出てくる点で、どうしても違和感を拭い切れない人もいることでしょう。とくにパットもショットの流れでボールを打ちたいと考える人には、合わないスタイルです。

パターの形状は、フェースの開閉を抑えやすくて、直進性の高いフェースバランスのものが適しています。ネオマレット型やマレット型などがそれに該当しますが、逆にフェースを開閉しやすいL字型はお勧めできません。

現在使っているパターがどのような性質を持つのか。パターの性質と、自分のストロークのスタイルがマッチしているか。自分がどのようなストロークをしたいのか。みぞおちの回転を使ったストロークと、肩甲骨をスライドさせるストロークのどちらが馴染みやすいのか。あるいは、違和感なく構えられるのはどちらなのか。色々と試してみて、パットシングルに近づけるスタイルを構築してください。

肩甲骨を使ってストロークするタイプ

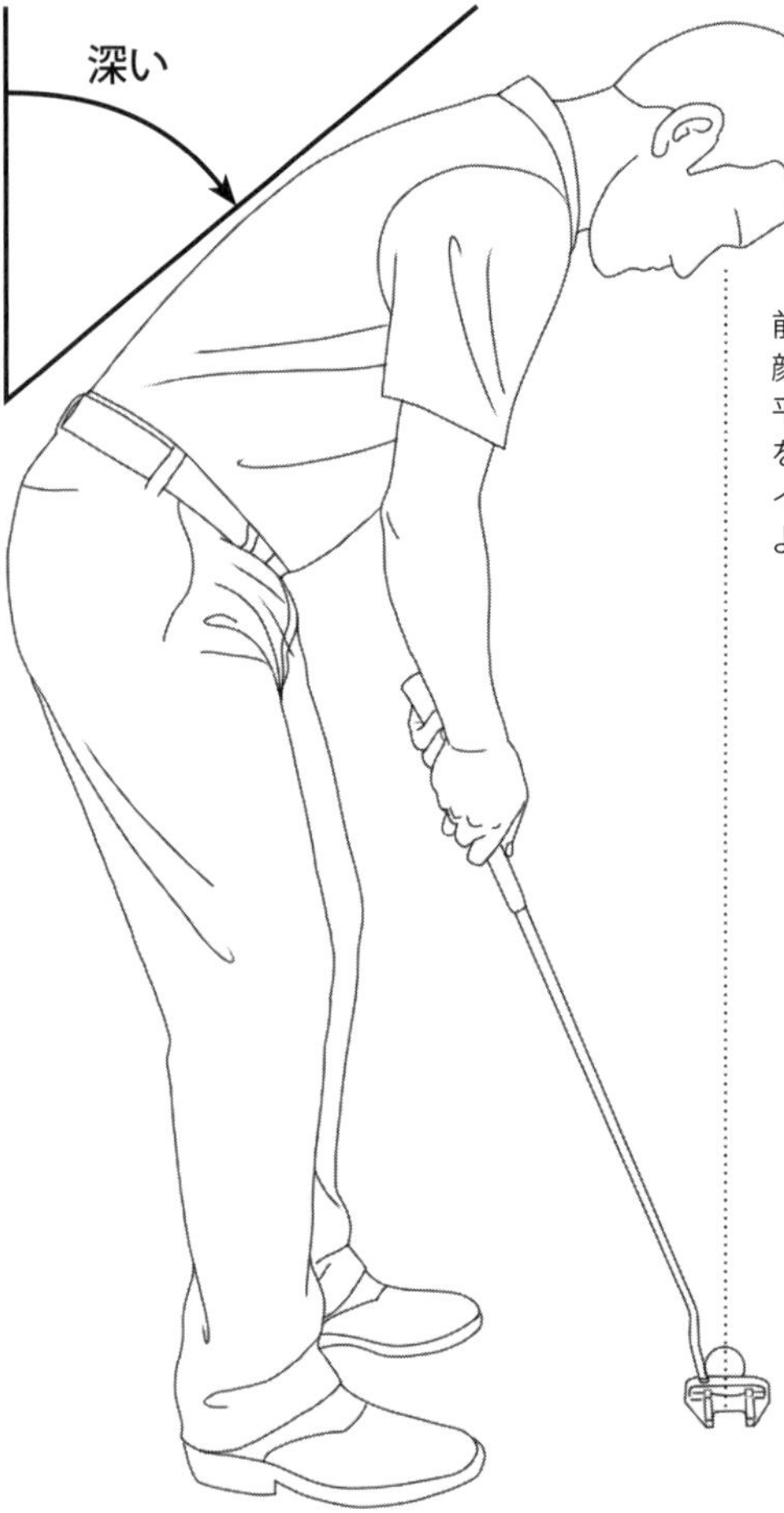

前傾角度を深くし、顔の面は地面とほぼ平行。両目のラインをボールを転がすラインの真上に重ねるように構える。

肩甲骨をスライドさせてストロークする。みぞおちよりも可動域が広いため、ストロークを大きくしやすいのが特長。

第2章

シングルになれるパッティングとは？

手はプレッシャーを受けやすいから、固定しておく

パットのストロークの場合、アプローチショットよりも小さな振り幅で打つことが大半なので、手先だけの動きで足りると考えられがちです。実際、パットの上手い選手の動きを見ても、下半身はほとんど動かず、肩が少し回転しているだけで、ほとんど手打ちのようにも見えます。

しかし、パットに手打ちはタブーです。手首のスナップを利かせて、ボールをパチンと弾くように打つリストストロークが間違いというわけでは、決してありません。グリップエンドを支点にしたリストストロークは、重いグリーンやロングパットに対応しやすい点では有利といえるからです。ただし、この場合は腕を回転するようなアームローテーションは使わないように注意することが大切です。

アメリカのレッスンでは「ヒンジ（HINGE）」という言葉を耳にします。ヒンジとは扉などのちょうつがいのことで、一定の方向にしか動かないパーツを意味します。インパクトの手前からフォロースルーにかけて、右手首が手のひら側に、あるいは左手首が甲

側に折れるような動きがヒンジであって、正確なリストストロークを実践するための重要なポイントです。

とはいえ、リストストロークのマスターには、豊富な練習量が必要です。仕事が忙しく、練習量が少ないサラリーマンゴルファーには適しているとはいえないでしょう。それに全神経の８割が両腕に集中しているくらいですから、プレッシャーがかかったときほど、手先の動きが過剰に働いてしまいます。ストローク中のパターヘッドの加速感がイメージできなかったり、インパクトでパンチ（瞬間的に強く打つこと）が入ったりして、距離感や方向性が狂いやすいのです。緊張のあまり逆に手や腕が硬直して、スムーズにストロークできなくなるケースもあります。

大半のゴルファーは、手が動くからパットが上手くなれないと、断言してもいいくらいです。手を固定しておき、体を使ってパターを振りましょう。それが、みぞおちの回転を使うストローク、あるいは肩甲骨のスライドを使うストロークです。手先をまったく使わないので、プレッシャーを感じてもストロークの軌道がブレず、ボールを正確にヒットできます。打ち急いでしまうミスを未然に防げるし、ヘッドの加速感を感じながら振れるので、自分のリズムでストロークできます。

小さいストロークほど、体で打つことが大切

1メートルの短いパットをこれから打とうとする場面を、思い描いてみてください。1メートル転がすだけですから、振り幅は小さくて結構です。この際、体のどこを意識してストロークするかが、パットの上達の分岐点となります。

小さな振り幅だから、手先を少し動かしてパターのフェース面をボールにちょこんと当てるだけでいいだろう。そう考えるゴルファーがほとんどではないでしょうか。

要するに器用で敏感な手先に頼って打とうとするわけで、非常に楽な動きです。1メートルの距離なら、それでもカップに入れることはできますが、ときたまはずしてしまうに違いありません。手打ちは小さいストロークができても、ボールの転がりが安定しにくいため確実性に乏しく、結果が伴わないのです。

こうした手先の動きに頼るクセが身についてしまうと、転がす距離が3メートル、5メートルと長くなったときに、まったく入らなくなります。私が、手を使ってはいけないと何度も強調する所以《ゆえん》です。

体を使ったストロークは、決して楽な動きではありません。試しに、自分が使用するパターを短く持ち、グリップエンドをおヘソの近くに当ててアドレスしてみてください。そして、みぞおちだけを動かしてストロークしましょう。両肩と両腕、両手、パターを固定したままでも、みぞおちの回転を使えば、両肩、両腕、両手、パターが一体となって動きます。パターだけが早く動くようなら、まだ手先を使っている証拠。みぞおちを意識することで、ストロークのリズムがゆっくりになり、腹筋や背筋などの体幹を使う感覚がよく理解できるでしょう。さらに、筋力が必要であることも、体で実感できるはずです。

1メートルのように振幅の小さいストロークでは、とくにみぞおちの回転をゆっくり小さく使う感覚が必要となります。これは、3メートルや5メートル、あるいは10メートルのような長いパット以上に、強い筋力を要します。体を使ってストロークするから、小さな振り幅でも、体の回転のパワーがボールに効率よく伝わり、転がりの安定したパットが打てるのです。

手先でちょこんと打ちたくなるような短いパットも、体を使ってストロークする心がけを忘れないでください。これを習慣づければ、ショートパットは確実に入るし、ミドルパットやロングパットのカップイン率も向上します。

手のひらにグリップを真っ直ぐ添えるように握る

パットの場合、手先をできるだけ使いたくないので、リストを固定しやすい形で両手を握ります。そのポイントは、手のひらにグリップを真っ直ぐ添えるように握ることにあります。

ドライバーやアイアンなどのショットでは、まず左手のひらを広げて、人差し指と小指の付け根を結ぶライン上にグリップをあてがいます。左手のひらに対してグリップをほぼ直角に当ててから、指でグリップを巻きつけるように握ります。右手も手のひらよりも、指先で握る感覚です。いわゆるフィンガーグリップというわけです。

ところが、パットでは左手のひらに対して、グリップをできるだけ平行に近い角度であてがいます。ショットでは両手首が軽く親指に折られて、自然にハンドダウンの構えとなりますが、パットでは両手首をほぼ真っ直ぐにし、ハンドアップ気味のアドレスをつくります。みぞおちの回転を使ってストロークするタイプの人は両ヒジをあまり曲げず、肩甲骨のスライドを使ってストロークするタイプの人は両ヒジを折るという違いはありますが、目標ラインの前方側から見た場合、左ヒジから先とパターが一直線に見えるようなアドレスとなるのが共通点です。

私が大学在学中、ゴルフ部のチームメイトと互いにアドバイスし合っていました。あるとき、私がパットの調子が悪いときに「両手はこうして握ったほうがいいよ」と教えてもらったのが、手のひらにグリップを真っ直ぐ添えるように握るこの握り方だったのです。ショットのように握ると両手に余分な力が入りやすく、無意識のうちにリストを利かせたストロークになってしまいます。その点、左手のひらに平行に添える感覚でグリップすると、リストを固定しやすい上に、力が入りすぎることがなく、一定のリズムでストロークしやすいことがわかりました。

両手のひらでグリップを挟むイメージで持つ

また、そのチームメイトは、「両手でグリップを挟んで持つくらいの感覚でいいんだよ」ともアドバイスしてくれました。

両手のひらを広げ、左右の5本の指をきれいに揃えて、グリップが両手のひらと平行になる形で挟むのです。両手のひらがまるでひとつの手になった感覚が生じ、そこからパターがぶら下がっているだけというイメージです。極論をいえば、パターを両手で「持たない」感覚です。両手のひらでグリップを挟んで、そのままストロークすれば、両手に力を入れずにパターをスムーズに振るコツが把握できます。

パットの場合、両手の握り方はプレーヤーそれぞれで異なります。私は以前、右手の小指を左手の中指に乗せ、左手の人差し指を手の上に重ねるツーオーバーラッピンググリップに握っていましたが、現在では左手の人差し指を右手の小指に重ねる逆オーバーラッピンググリップです。オーバーラッピンググリップも逆オーバーラッピンググリップもいいし、自分独自の変則的なグリップに握るのも大いに結構です。しかし、オリジナリティな握り方でも、両手のひらでグリップを挟んで持つ感覚だけは大事にしましょう。

手で持たないから、余計な力が加わることがなく、インパクトでパンチが入ってしまう心配もありません。いつもカップの手前にショートしてしまう人は、振り幅を必要以上に大きくしたり、リストを利かせて打とうとしがちです。その点、両手でグリップを挟む感覚なら、体を使ったストロークを実践でき、球の転がりが安定します。両手の握り方以上に、手で持たない感覚を重視することが、パットシングルの絶対条件といえるのです。

リストを固定しやすいグリップ

両手のひらでグリップ
を挟む感覚を出そう。

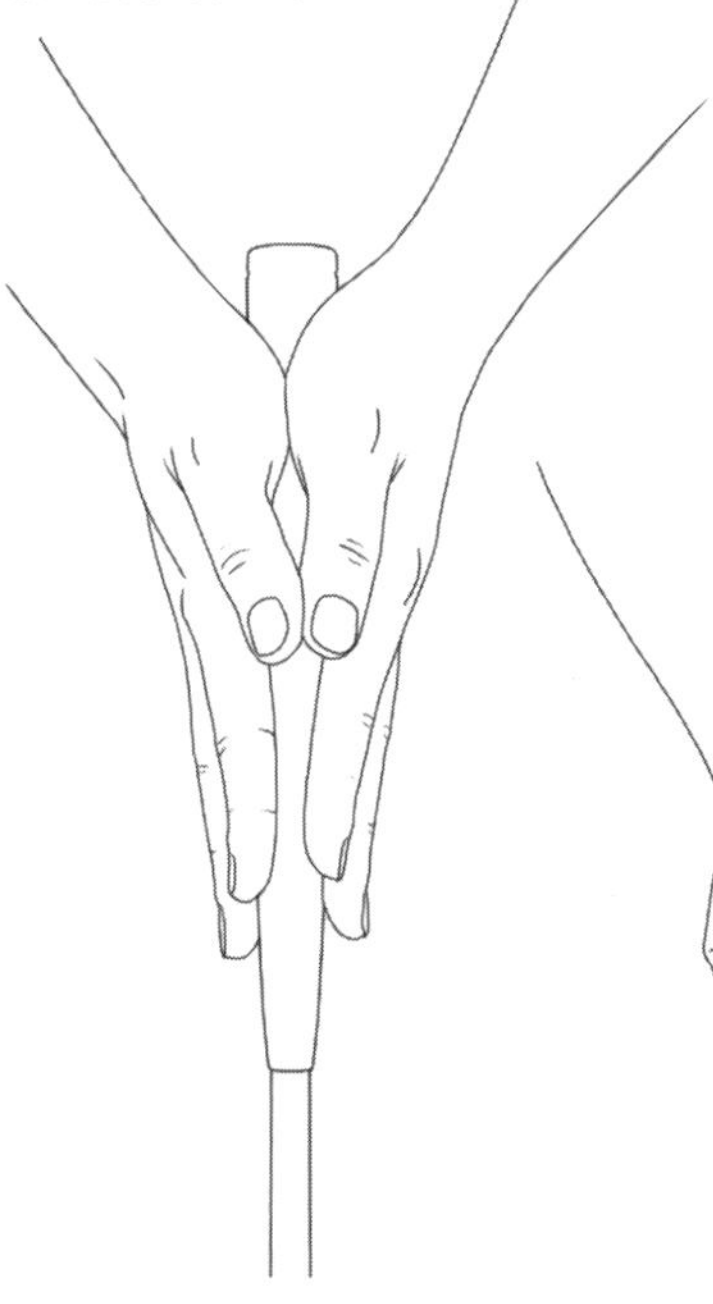

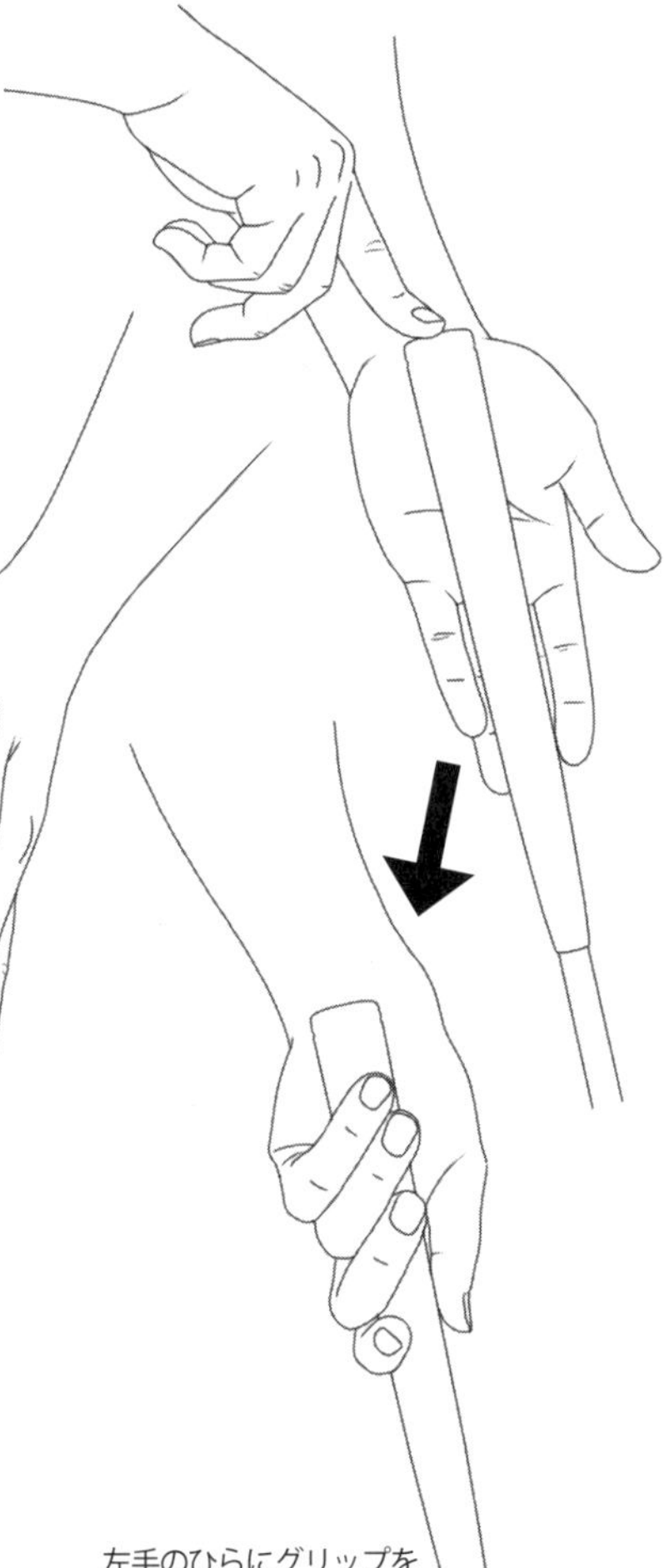

左手のひらにグリップを
平行に近い角度で添える
ようにして握る。

パターのライ角どおりに構えよう

パットのアドレスについて、もう少し詳しく説明しましょう。スタンスの幅は、下半身を安定できる幅にします。両足を揃えて構えるプレーヤーも、ワイドスタンスに構えるプレーヤーもいますが、ストローク中に下半身がブレず、みぞおちの回転、あるいは肩甲骨のスライドを使ってストロークしやすい、自分なりのスタンス幅を見つけることです。

基本的には体重を左右均等に乗せて、両足を肩幅くらいに広げて、丹田《たんでん》と呼ばれるヘソのやや下のツボを意識し、重心を低くして構えるといいでしょう。

体のラインはボールを打ち出す方向に対して平行です。肩のラインと両目のラインは、必ずスクエアにセットしておくこと。スタンスの向きは、スクエアでもオープンでもクローズでも構いません。自分が狙った方向にボールを打ち出しやすいアドレスが一番です。ただし、ドライバーショットでクローズに構える人は多くても、パットの上手い人にクローズに立つプレーヤーはあまりいません。ラインを見やすく、フォロースルーでヘッドをスムーズに出しやすくする意味でもオープンスタンスかスクエアスタンスを勧めます。

もうひとつ重要なのは、パターのライ角どおりに構えること。ライ角とは、アドレスしたときの、シャフトと地面の角度ですが、パターのソール全体が、地面に均等に触れるように構えます。使用しているパターにもよりますが、ボールから離れて両手を低くしたハンドダウンの構えでは、フェースを狙った方向に向けて構えたつもりでも、パターヘッドのトウ側が浮いて、実際はフェースが目標よりも左を向いてしまいます。そのため、カップの左側にはずれることが多くなります。逆にボールの近くに立ちすぎて、ヒール側が浮くと、フェースがカップの右を向き、右側にはずしてしまうミスが頻発します。

以前は、青木功選手のようにパターヘッドのトウを浮かせて、ハンドダウンに構えるパットの名手もいました。54歳の若さで亡くなったセベ・バレステロスもそのひとりでした。私もセベの真似をしてハンドダウンに構えていた時期がありましたが、使っているパターの重心の位置次第で、こうした構えが適しているケースもあるし、自分なりのヒッティングポイントでインパクトするための、アドレスの工夫があってもいいでしょう。

とはいえ、ベーシックなスタイルこそ、やはり上達の早道。自分の身長やシャフトの長さのマッチングとか、自分が実行したいストロークのタイプをよく見極めたうえで、ソールの座りがよく、しっくりと構えられるパターを選び、ナチュラルな姿勢で構えましょう。

ボールのラインを利用すれば、フェースを正しくセットしやすい

最近ではボールに線を書き込み、パットの上達に役立てているゴルファーを多く見るようになりました。最初から細い矢印のラインが刻印されているボールも市販されているので、活用するといいでしょう。

地球儀でいう赤道に倣《なら》って、ボールに横の線を引くパターンもあれば、赤道と直角の縦の線を引くパターンもあります。

ボールがグリーンに乗った位置にマークし、自分が打つ番になって再度ボールを置くときに、ボールのラインを打ち出したい方向に向けておくと、ラインのイメージが明確になり、ストロークの軌道が安定しやすい長所があります。ショートパットもロングパットも、そのようにして打つ人が大半でしょう。

自分がやりやすくて、感覚を出しやすい方法で構いませんが、私はロングパットだけボールの置き方にある工夫をしています。

状況にもよりますが、私の場合、基本的にはロングパットはフェースに平行になるよう

にボールの線を縦に置くようにしています。

何故線を縦に置くかというと、長いパットは方向よりも距離感が優先されるので、ボールの線をフェースと平行にすることで方向に対する意識が過剰になるのを防ぎ、距離感に神経を集中したいからです。ショートパットではボールの線を横にセットするのは、方向性をより強調させたいためです。

カップインしやすい自分なりの方法を探り出そう

アメリカの女子ツアーにベッツィ・キングという選手がいます。通算34勝、賞金女王にも3度輝いた名プレーヤーですが、キングは絶対に入れたいパットや、勝負のかかった大事なパットを打つときは、ボールのライン後方側の、ちょうどカップに正対する位置でしゃがみ、左手でパターのシャフトを持ってフェースの面を慎重にセットしていました。

彼女なりのルーティーンワークというわけですが、ボールのライン後方の位置でフェースをスクエアにセットする行為は、マークした位置にボールを置くときに、ボールに引いた線を打ち出したい方向に向けるのと同じ理屈です。それにより、絶対不可欠な方向感覚が高まり、カップイン率が一段とアップするのです。

ボールの線の使い方においても、これが絶対だといえるものは存在しないし、感覚や感性は人それぞれですから、私の流儀がすべてのゴルファーに当てはまるわけではありません。

もっと方向感覚を出したいという理由で横の線を3本書き込む人もいれば、赤道上には線を入れないで、赤道と平行に2本の横の線を書いている人もいます。

あるいは、ボールに十字を書き込むのもよいでしょう。縦と横の線を書き込んでおき、状況に応じて縦と横の線を使い分けるのです。両方の線を同時に意識することで、距離感も方向性も合いやすくなるともいえます。

しかし、「二兎追うものは一兎得ず」というように、距離感と方向性を一緒に考えてしまうと、両方とも曖昧になってしまう危惧があります。距離感も方向性も優先順位を考えて、縦と横のどちらの線を意識するかを決めておくことを勧めます。自分なりに様々な方法にトライしてみて、結果を出しやすい自分の型をつくり出しておくと、パットの上達が大きく前進します。

ボールのラインの利用法

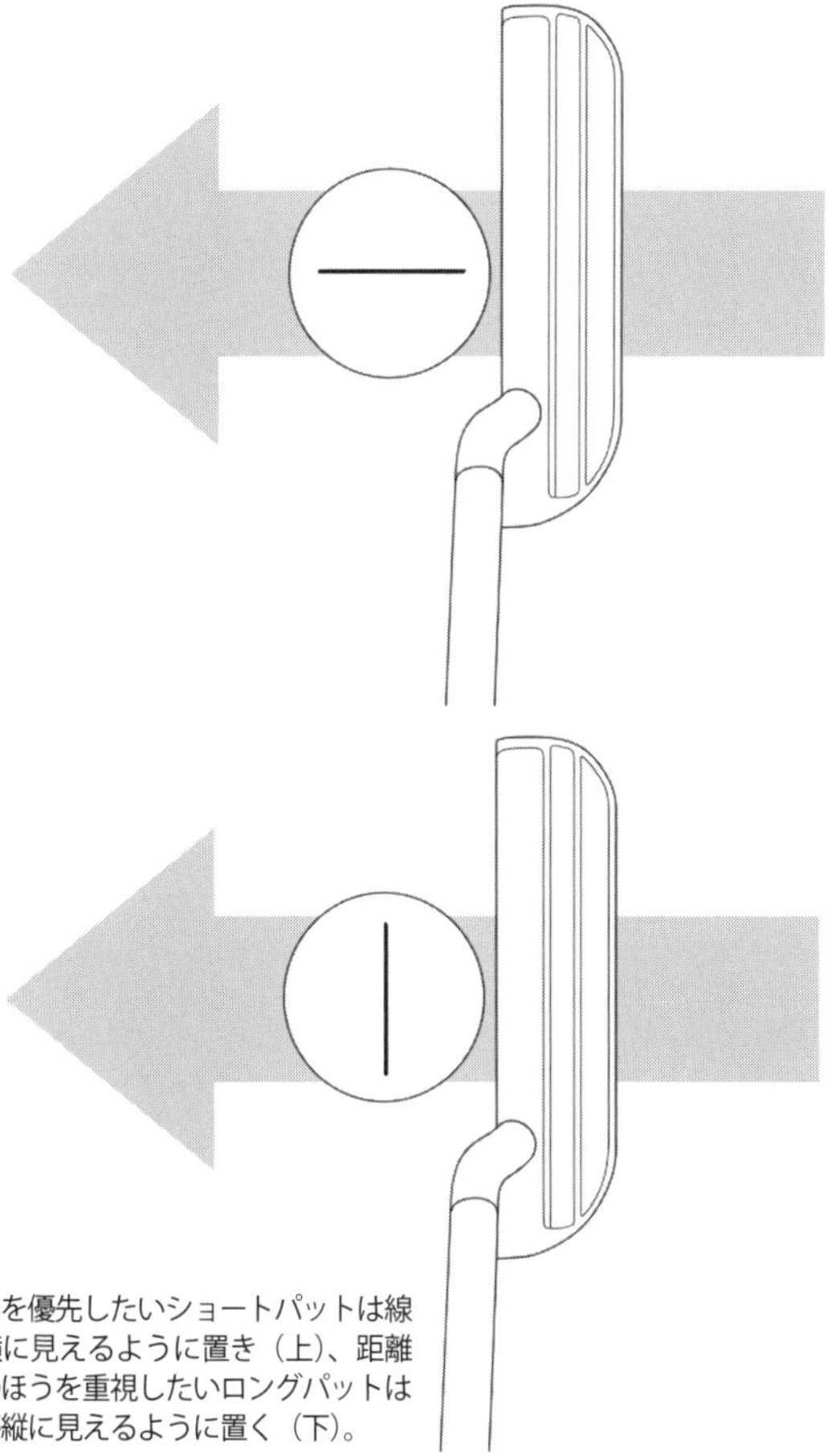

方向を優先したいショートパットは線が横に見えるように置き（上）、距離感のほうを重視したいロングパットは線が縦に見えるように置く（下）。

左目の真下の近くにボールを置くのは正解

パットの場合、ボールをどこに置くのがベストか。これについては、左目の真下が基本だとよくいわれます。アドレスを正面方向から見た場合、スタンスの幅は人それぞれでも、ボールはちょうど左目の真下にあり、アドレスのライン後方側から見れば、肩甲骨のスライドでストロークするタイプは両目のラインの真下、みぞおちの回転でストロークするタイプはそれよりもやや外側に位置するのが理想というわけです。

何故かというと、パターヘッドがストロークの軌道の最下点を通過した直後でインパクトを迎えるのが、転がりのいいボールを生み出す上で合理的だからです。つまり、ややアッパーブローにボールをとらえるのが、ストロークの基本なのです。

私はこうした基本を鵜呑みにしないで、自分なりのボールの位置を見つけ出す練習を積んできました。ボールの真正面側とラインの後方側にビデオカメラを設置し、ボールの位置を前後左右にミリ単位で変えてみては、自分のストロークの撮影を何度も何度も繰り返しました。パターヘッドの入り具合や、フェース面がボールとコンタクトする瞬間と、ボールの転がりの関係を徹底的に分析したものです。

ボールを左に置きすぎると、軌道がアッパーブローになりすぎて、ボールの上側に当たってしまいます。ボールを右に置きすぎては、今度はストローク軌道がアイアンのようにダウンブローになり、ボールをつぶすようにヒットしてしまう結果となります。どちらにしてもフェースの芯でボールを打つことができません。

フェースの芯とボールの芯をぶつけ合う

フェースの芯をはずすということは、ボールの芯にも当たっていないことを意味します。フェースとボールの両方の芯がぶつかり合うようなストロークでこそ、ボールのスムーズな転がりが得られるのです。

また、両目の真下よりも外側にボールを置きすぎると、テークバックにおけるストロークの軌道が過剰にインサイドになり、狙った方向よりもボールが右に出やすくなります。ボールの位置が両目の真下よりも内側なら、アウトサイドのテークバックになりやすく、ボールを左に引っかけやすくなるということがわかりました。

このようにボールの位置を前後左右に少しずつ変えてみて、自分で意識しなくても適度なアッパーブローの軌道でインパクトを迎えられるポジション、そしてフェースの芯とボールの芯が勝手にぶつかり合うポジションを探したのです。その結果、「ストローク軌道の最下点を通過した直後が、理想的なヒッティングポイント=左目の真下」であることに納得したのです。

アマチュアゴルファーのほとんどは、ボールの位置が一定していません。ラインによってはち5センチ以上もズレてしまうことが多く、それがアドレスの姿勢を狂わせるのです。ボールを左に置きすぎると肩が開きやすく、右に置きすぎた場合は肩のラインが目標より右を向きやすくなります。ボールを遠くに置きすぎたり、近すぎたりしてもアドレスの前傾姿勢が変わってしまいます。

また、ボールの位置の誤差は、フェースの向きの誤差にもつながります。ボールが右寄りならフェースが開きやすく、左に置くほどフェースがかぶってきます。こうした視覚的な要素がストローク軌道を不安定にし、パットの上達を妨げます。アドレスでもっとも肝要であり、多くのアマチュアゴルファーが見落しやすいのは、ボールの位置であることを頭にしっかり入れておいてください。

ボールの置き場所

緩やかなアッパーブローの軌道で、フェースの芯とボールの芯をコンタクトするのが理想のストローク。そのためには左目の真下にボールを置くのが理にかなっている。

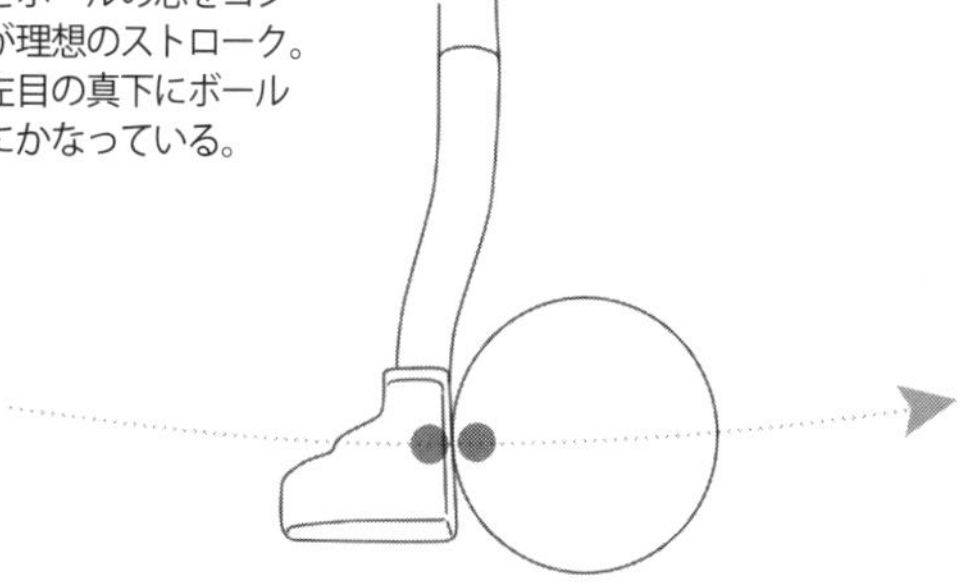

いつも同じ姿勢で構えられる練習こそ大事

パッティングではボールを左目の真下に置くのが正しい。自分なりに実験を重ねて、こうした結論を得ましたが、それを頭で理解しても実行するのはなかなか難しいものです。

そこで私が一生懸命になって取り組んだのが、意識しなくてもつねに一定したボールの位置で構えられるようになる練習です。アドレス前のルーティーンワークからアドレスの完成までの手順を一定にし、何度構えても自然に同じアドレスの姿勢がつくれて、フェースもスクエアにセットできるようになることを目的としたトレーニングです。

左目の真下にボールを置く感覚は、練習でマスターするものです。いつも同じリズムでスッとアドレスし、ボールを見る「目線」に違和感が生じないように、日頃から訓練しておく必要があります。歯ブラシを手に持って、歯をきれいに磨く仕草とまではいかなくても、このくらい無意識に、淀みなくできるようになるのが究極のアドレスです

前項でも述べたように、ボールの位置が一定しないと、アドレスの姿勢も変化します。アドレスが変わるから、ストローク中の体の動きがブレたり、軌道が不安定になったりす

るのです。ボールを普段よりも左に引っかけるのは、ボールを左に置きすぎるのが原因なのに、ストローク軌道を修正しようとすると、左に置いたボールを右に押し出すようなチグハグな動きになり、ますます悪循環に陥ってしまいます。

ミスショットの原因の8割は、アドレスの間違いにあるといいますが、パットにもそれが当てはまります。ストロークの軌道が安定せず、ボールがカップになかなか入らない。こうした症状が続くと、ストロークの動きに欠点があると思い込んでしまいますが、矯正箇所を間違えては、簡単に直せるものが半永久的に直らないという不幸を招きます。

ボールを実際に打つ練習も有効ですが、ストロークの練習よりもアドレスをつくる練習をより多く積んで欲しいくらいです。パットの練習なら、時間さえあれば自宅でもどこでもすぐにできます。自宅のスペースにボールを1個置き、目標を自分なりに決めて、コースに出たときと同じルーティーンワークから入り、ボールがつねに同じ位置にセットできるように構えましょう。

しかしボールを左目の真下に置くことに固執しすぎて、アドレスでモジモジしては逆効果です。アドレスをつくる作業に時間をあまりかけないで、リズムよく構えることがいつも同じ姿勢で構えられるようになるコツです。

ストローク中は、両手の力感を絶対に変えない

パットのストロークでもうひとつ忘れてはならない重要なポイントは、アドレスしたときの両手のグリッププレッシャーを変えないことです。

つまり、両手の握りの強さですが、ストローク中に両手に力が入りすぎたり、緩んだりしないように気を配りましょう。両手の力感が変わってしまうのは、手打ちになっている証拠でもあります。ストロークが急に速くなってインパクトでパンチが入ったり、逆に減速してインパクトを緩めたりすると、フェースの向きが狂いやすく、球の転がりが安定しません。

53ページで説明した、両手のひらでグリップを挟んで持つ感覚を思い出してください。これなら両手に力が入りすぎることがなく、かといって緩すぎることもありません。そのくらいの両手の圧力を目安にして両手をグリップしたら、テークバックの始動からダウンスイング、インパクト、フォロースルー、フィニッシュまで両手の力感をキープしましょう。両手の圧力が最後まで変わらなければ、体を使ってストロークできた証《あかし》であり、パタ

ーをリズムよく振れているはずです。

トム・ワトソンとベン・クレンショウに関する興味深いエピソードを聞いたことがあります。２人ともアメリカのシニアツアーで現在も活躍するプレーヤーで、パットの名手としても有名です。あるとき、パットのストローク中に両手の圧力がどのくらい変化するのかを実験するために、ワトソンとクレンショウの両手に計測装置を装着し、何度かストロークさせたそうです。結果は2人とも、アドレスからフィニッシュまで計測装置が何も反応を示さず、両手の圧力がまったく変わっていないことが実証されたと聞いて、愕然《がくぜん》とさせられたものです。

両手に力が入るのは、指先のほうで握ろうとしたり、パターを持とうとしたりしている点にも原因があると考えられます。持つ意識が強いとフィンガーグリップになりやすく、力を入れようとしなくても、自然に力が入ってしまいます。ドライバーやアイアンなどのショットには有効でも、パットには適さない握り方です。何度も繰り返しますが、両手のひらにグリップを平行に添えるように握ること。これで両手の圧力を適度に保ちやすく、リストを固定しやすいメリットもあります。どうしても両手の力感が変わってしまうという人は、グリップを両手で挟んだ状態でストロークする練習に励んでください。

パットでもフィニッシュをしっかり決めよう

よくテークバックとフォロースルーは左右対称といいます。インパクトを中心とした左右の振幅を均等にするということですが、果たしてそうでしょうか。

私は、パットのストロークは左右対称形ではないと考えます。テークバックとフォロースルーを左右対称にしようと考えると、インパクトがなくなってしまいます。インパクトを特別に意識してストロークするわけではありませんが、フェースの芯とボールの芯をぶつけ合った慣性、つまりインパクトの瞬間の圧力によってパターヘッドが勝手に静止するのであって、フォロースルーのほうがやや小さくなるのが自然でしょう。

それをテークバックと同じ大きさまで、パターヘッドを意図的に振り抜こうとすると、ストローク軌道が波打ってしまい、インパクトの時点でフェースの向きが変わってしまいやすいのです。左右対称形にストロークしているように見えるプレーヤーも多くいますが、それはあくまでも結果であり、意図的な動きではないのです。

大事なのはストロークの慣性によって、パターヘッドが自然に静止するまで、ストロークを完了させること。言い換えれば、フィニッシュをしっかりと決めるということです。

タイガー・ウッズは米ツアーでも指折りのパットの名手ですが、彼のストロークの動きをよく観察してみてください。アドレスの姿勢のバランスがとてもよく、テークバックの始動がスムーズで、ストロークのリズムが滑らかです。そして、ボールを打ち終えた後は、パターヘッドが静止した姿勢のままで、両目だけを動かしてボールの行方を追っています。

フィニッシュを決める意識が、インパクトを正確にする

タイガーの何が一番素晴らしいのかというと、フィニッシュを決めていることです。アドレスの前傾姿勢を最後までしっかりとキープしているところに注目して欲しいのです。その点、多くのアマチュアゴルファーは、ボールを打ったらすぐに上体が起きてしまいます。ストロークの結果を早く見ようとしてルックアップしたり、ボールを打ちにいこうとしてダウンスイングで右肩が前に出たりするのが原因ですが、何よりもフィニッシュを決める意識がまったくないところに、問題があるような気がしてなりません。

インパクトの直後に上体が起きるのは、アドレスの体勢が崩れてしまっていることを意味します。体勢が崩れ出すのはインパクト後に見えても、実際はインパクトの直前から体

勢の崩れが起きているのです。ストロークの軌道やフェースの向きのちょっとした誤差がミスパットを誘発します。

ドライバーやアイアンなどのショットにも同じことがいえます。ボールを打ってから上体が反り返って右足体重になる人や、上体が突っ込んだりする人は、フィニッシュでバランスよく立てていません。つねにフィニッシュをきれいに決めている人ほど、グッドショットの回数が多いのです。仮に打ち損じたとしても、取り返しのつかない大きなミスは少ないのです。

フォロースルーでパターヘッドをここまで振り抜こうと考える必要はありませんが、ストロークの慣性によってパターヘッドが静止する位置まで、前傾姿勢をキープしてストロークすることを心がけてみてください。フィニッシュを決めた後も、ボールがカップインするまで、もしくはカップの近くで止まるまで、その姿勢をキープしましょう。

タイガーだけでなく、石川遼選手のストロークも大いに参考になります。インパクト後も腹筋や背筋を緩めないで、フィニッシュをしっかりとる。これが腹筋や背筋などの体幹を使ったストロークなのです。

第3章
知っておくと得するパットの真実

第3章

知っておくと得するパットの真実

スキップゾーンを経て、順回転で転がっていくのが理想

パットでいう「転がりのいい球」とは、どんなことを指すのでしょうか。簡単にいえば、狙った目標に向かって、順回転で真っ直ぐ転がっていく球です。止まりかける前のコマのように回転が波打つことなく、素直に回転するような球をいいます。

インパクトの直後から、球がグリーンの芝の上を転がっていくと思い込んでいるゴルファーが多いのですが、パターにもロフト角があるので、キャリーも多少はあります。ロフト角にもよりますが、打ち放たれたボールが2～5センチほど空中を低く飛び、着地してからボールが芝の上で滑っていくようにオーバースピンがかかり出して、カップのほうに向かって転がり出すわけです。

ボールが空中を飛んでいる間をスキップゾーンと呼びます。

みぞおちの回転を使ってストロークする場合は、ショットに近い感覚でフェースの開閉が自然に行なわれるので、球をしっかりつかまえて打つイメージがあります。パターのブランドで有名なスコッティ・キャメロンが、こうした考え方です。ピン型パターが中心で、

ロフト角は4度が標準。ボールをポーンと打ち出して、スキップゾーンをちょっと長めにしてから転がしていくという感覚といえます。

これに対してテーラーメイドは、スキップゾーンを短めにして、ボールに早めに順回転をかけたいという方針です。ロフト角は2・5度前後が中心で、ヘッド形状もネオマレットなど直進性の高いパターに力を入れています。

どうして順回転の球がいいのかというと、カップの近くまで辿りついたときに、ボールの重さで勝手に真下に落ちてくれるからです。これを「お辞儀する球」と、プロたちはよくいいます。

プロトーナメントを観戦していると、カップの横をすり抜けたと思われた球がカップに入ることがよくあるでしょう。これは、球が素直な順回転だからです。球の回転が揺れていると、真下に落ちにくくなります。カップに入ったと思った球が蹴られてしまうのは、そのパターンです。

パターの性質によってスキップゾーンの長さに差がありますが、多少のキャリーがあるからといって、意図的にアッパーブローにとらえようとするのは間違いです。

強く打つことが、しっかり打つことではない

「ネバーアップ・ネバーイン」というパットの格言をご存知でしょうか？

これは、カップに届かなければ永遠に入らないという意味です。そこで、入れたいパットなら、必ずカップまで届かせるように打つことが重要なポイントになるわけです。

たとえば、カップまで6メートルのパットを打つとします。この場面でカップの手前に止まってしまうのは「弱すぎるタッチ」です。よく「弱めのタッチ」といいますが、弱めなんてあり得ません。手前にショートしたパットは、すべて弱すぎるタッチなのです。

最後のひと転がりでカップの手前から入るのがジャストタッチです。ボールに素直な順回転がかかっているほど、ジャストタッチでカップインする確率が大幅にアップします。ボールがカップの向こう縁に当たって入るのが「強めのタッチ」です。カップに入れるには、カップの30～40センチ先まで届かせるイメージでストロークしますが、その結果カップインしたのが強めのタッチであって、カップからはねて10センチでもオーバーしたら、もはや「強すぎるタッチ」です。仮にカップの横をすり抜けたとすれば、1～2メートルは確

実にオーバーしています。

カップに届かせるために、しっかり打つことが重要ですが、届かせようとして強めに打とうと考えるのは間違いです。しっかり打つということは、効率のいいストロークを実行することです。ストロークの最大効率を上げて、パターの慣性モーメントを引き出し、球をとらえるのです。決して力に頼らないで、自分のリズムやタイミングを心がけてストロークしましょう。

ストロークのリズムは、歩くときと同じ2拍子です。「イチ」でテークバックし、「ニ」でダウンスイングします。だから、フォロースルーはストロークの慣性なのです。ボールを転がすスピードに合わせて、ストロークのスピードを変えますが、2拍子自体はどんなときも変わりません。そこには反動が一切生じません。

強くヒットしようとすると、必ず反動が生じます。ストロークの振幅が必要以上に大きくなったり、インパクトでパンチが入ったりタイミングがズレたりして、芯をはずしてしまいます。こうしたストロークがクセになると、上達の妨げになるので注意を要します。

フェースの芯とボールの芯をぶつけ合うのが、しっかり打つということ。これを忘れないでください。

どのくらいのスピードで転がすかのイメージが、距離感につながる

距離感をつくれない人は、ラインをつくれない。つまり、カップインのチャンスに絶対に恵まれない。そういっても、決して過言ではありません。距離感こそ、パットシングルになるための命題なのです。

では、どうやって距離感をつくるのか。ボールを転がしたい距離に応じて、ストロークの振り幅をコントロールしますが、振り幅を考えるよりも、ボールを転がすスピードを具体的にイメージするのが早道です。

ショットのように空中を飛んでいくボールとは異なり、パットでは芝の上を転がっていく距離が長く、それだけ摩擦係数が高いことは誰でもわかるはず。カップに向かって転がり出したボールは、次第にスピードを落とし、やがて静止します。ボールがどのようなスピードでカップに向かっていくか。これをイメージするのです。

長い距離ほど、初速、中速、終速の3段階に分けて考えましょう。また、下りや上りで転がすスピードが変化することも頭に入れておくことです。下りのラインならカップに向

かって転がるスピードが速くなることが多いし、上りならばスピードが急激に低下するわけです。

最初はどのくらいのスピードで転がし出せば、グリーンの傾斜やラインによって、スピードがどのように変化し、カップに近づいていくか。ボールからカップまでの通り道を目でなぞりながら、イメージを高めていきます。

このボールが転がり出すスピードと、ストロークのスピードを合わせます。ボールのスピードとリンクしたヘッドスピードや、振り幅の大きさでタッチを出し、距離感を表現するのです。

ボール側からカップを見るだけでは、転がっていくスピード全体がイメージしにくいケースが多いので、カップ側からもボールのスピードを考えましょう。つまり、終速からイメージし、中速、初速へとなぞっていくことで、どのくらいのスピードで打ち出せばいいかが、より明確になります。

そのイメージに同調したストローク、つまり腕の振りのスピードとヘッドスピードを実行すれば、距離感が合ってきます。つねにボールの転がるスピードを考える習慣をつけてください。

右手でボールを転がすイメージでストロークするのが効果的

距離感をイメージしながらストロークしているのに、なかなか距離感が合わない。練習不足もその原因かもしれませんが、自分の感覚をまだまだ引き出せていないのが、一番の要因ではないでしょうか。

たとえばカップまで10メートルのパットで、パターを何度振ってもカップの近くで止まらないという人は、右手にボールを持ち、下手投げの要領でボールを転がしてみてください。左手が利き腕の人は、もちろん左手で転がしても結構です。パターで打つと全然寄らなくても、カップを見たまま右手で転がすと、自分の思った以上にカップの近くに止まってくれるでしょう。1～2球目は失敗しても、3球目あたりからカップに寄り出して、うまくいけばカップインしてくれるに違いありません。

カップが遠ければ、誰でも右腕を大きく速く振るし、カップが近ければ小さくゆっくり振るはずです。野球のキャッチボールでも近い人には軽くトスする感じで投げるし、遠くの人には腕を大きく速く投げるでしょう。頭で考えることは何もなくて、目標までの距離を目で測り、腕の振りをコントロールするわけです。

パットもまったく同じで、目で見た感覚を最大限に引き出してストロークするのが距離感につながります。

右手でボールを実際に転がしてみる。次に右手でパターを持ち、カップを見たままで素振りを数回繰り返す。それから両手でグリップし、通常のアドレスをつくったら、右手で転がす感覚のままでストロークする。こうした手順で練習するのもいい方法です。ラウンドにおいても、アドレスの前に右手で転がす要領で素振りを反復し、距離感のイメージを高めておくと効果的です。

右手でボールを転がすイメージは、みぞおちの回転を使うストロークにも有効ですが、どちらかといえば肩甲骨のスライドを使うストロークに適しているのではないでしょうか。何故なら、私自身の感覚ですが、右手で転がす感覚はボールの初速から終速まで、同じスピードのイメージにつながりやすいような気がするからです。いや、そんなことはない。初速から終速までのスピードの変化を感じやすいという人は、大いに結構です。どちらにしても右手で転がすイメージが、距離感をつくる上で役立つのは確かですから、自分で試してみてください。

ラインをつくるには、ブレイクポイントをまず見つけろ

距離感をつくるということは、ラインをつくることでもあります。グリーン上の傾斜を十分に観察し、ボールからカップまでどの方向に、どのようなスピードの変化で転がっていくかをイメージしますが、この作業によって距離感とラインをリンクさせているのです。ところで、ボールが転がるラインのイメージの仕方ですが、あなたはどのような線を思い描いているでしょうか。

８メートルのスライスラインがあったとします。グリーンが左から右に傾斜しているので、カップよりも左に向かってボールを打ち出さなくてはならないことは、誰でも容易に理解できることと思います。問題は曲線のイメージの仕方です。カップの左に打ち出した直後から、少しずつ右に曲がっていくラインを思い描く人がほとんどではないでしょうか。スライスラインの全体が、カーブを描くようなラインというわけです。

実をいうと、以前の私もそうでした。ラインを想定してカップに入れる練習で一生懸命に取り組んだのが、ライン上に仮の目標を設定し、その地点に２本のティペグを幅10セ

ンチくらいに刺して、その間を通過させるというやり方でした。名づけて、「クロスバー練習法」。アメリカンフットボールでフィールドゴールを狙うときのクロスバーを真似て、ゴールを決めるつもりでストローク練習を積んだのです。

スライスラインであれば最初から曲がるラインをイメージしていましたから、始めのうちは2本のティペグを、カップよりもかなり左側に刺していました。ところが、クロスバーを通過させても、カップインどころか、カップにまったく寄りません。クロスバーを何度通過させても、カップの左に大きくはずれてしまうわけです。

左右に曲がるラインも、ストレートラインのつもりで打つ

おかしいなと思い、クロスバーを少し右に移動しました。それでも入りません。そうこうしているうちにクロスバーの位置が、だいぶカップに近づいてきました。最初のクロスバーの位置がカップよりもかなり左側でボールに近い所だったのが、次第にカップの左を向く度合いが弱まると同時に、カップ側に寄っていったのです。ラインの全体が曲線のイメージでしたが、カップのやや左に設定したクロスバーを真っ直ぐ狙って打つ感覚になってきました。そうしたら、面白いようにカップインの連続です。

何が間違っていたのかというと、ボールのスピードをイメージしないでストロークしていたのです。転がりの初速と終速には大きな差があるので、同じように転がっていく曲線を思い描くこと自体がナンセンスです。

初速は速いので、グリーンの傾斜にあまり左右されず、ほぼ直線的に転がっていきます。転がるスピードが弱まってきたところで、傾斜に影響されて次第に右へと向きが変わります。傾斜によってボールが曲がり出すと思われる場所が「ブレイクポイント」です。プロたちがカップの近くにきて、傾斜を確かめているのは、ブレイクポイントを探しているのです。

ショットではスイングの軌道やインパクト時のフェースの向きなどの要素が絡み合ってボールが曲がりますが、パットはグリーンの傾斜によって勝手に曲がります。意図的に曲げようとしたって不可能です。

フックラインもスライスラインも、ブレイクポイントを見つけ出す作業が欠かせません。そして、ブレイクポイントに対してスクエアに構え、ストレートに打ち出します。基本的には打ち出す方向を決めたら、真っ直ぐなラインのつもりでストロークすることが重要なのです。傾斜の度合いによってブレイクポイントの位置が変わりますが、思ったよりもカップの近くにあるということを忘れないでください。

ブレイクポイントを見つけるためのクロスバー練習法

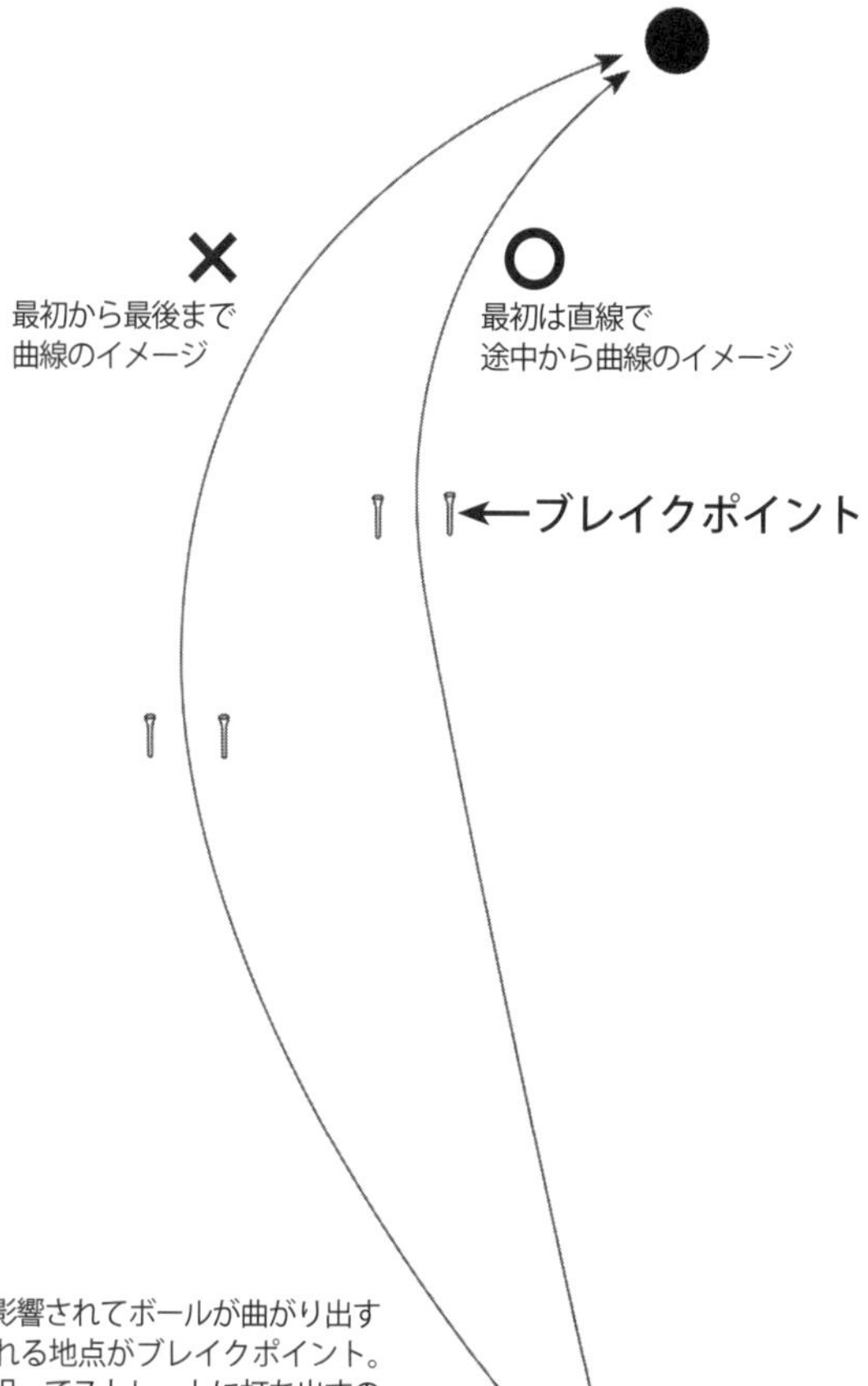

傾斜に影響されてボールが曲がり出すと思われる地点がブレイクポイント。ここを狙ってストレートに打ち出すのが、カップイン率を高める考え方。自分でブレイクポイントを決めて2本のティペグを刺し、その間を通過させる練習が効果的。最初から曲がるラインをイメージするのは間違い。

タッチによってラインがこれだけ変わる

ジャストタッチと強めのタッチでは、ストレートラインの場合はボールの通り道がまったく同じですが、左右に曲がるラインではラインが変わります。

前にも説明したように距離感がラインをつくるわけで、つねにボールの転がりをイメージすることが重要です。ボールからカップまでの通り道を思い描きながら、ショートパットなら初速と終速、ミドルパットやロングパットでは初速、中速、終速を想像するのです。

同じフックラインでも、初速のスピードが速いほど、左への曲がりが緩やかになります。ブレイクポイントがカップに近い位置となり、仮にカップに蓋をしていたとすれば、カップの50センチ先ほどで止まります。オーバーしてもよい距離は最大で1メートル。これが、カップの向こう縁に当てて入れる「強めのタッチ」です。

カップをはずした結果、50センチ先に止まったとしたら、それはボールが転がるスピードのイメージはよかったけれど、ボールを打ち出す方向が少しズレたために、正しいラインからはずれたことを意味します。

最後のひと転がりでカップの手前から入れる「ジャストタッチ」は、強めのタッチよりも初速のスピードが緩やかで、終速に至ってはボールがほとんど静止に近い状態です。カップに蓋があれば、カップの真上で止まります。左に曲がる度合いが、強めのタッチよりも大きく、ブレイクポイントの位置はやや右側となります。

パットにもリスクマネジメントが大切

プロは15メートル以内であれば、強い下りなら複雑なラインでない限り、基本的にはカップインを狙っています。アマチュアゴルファーだって、10メートル以内ならカップに入れる気持ちでストロークしましょう。

ただし、無闇にカップに届かせようとして、強くヒットすることに終始してはいけません。強く打ちすぎた結果、3パットしてしまったのに、「勇気を持って打てた」なんて胸を張るのは、大きな勘違いとしかいいようがありません。無理に入れにいくのは間違いで、入れるイメージを持ってストロークするのが正解です。また、「ラインに乗っていたけど、入らなかった」というのも大嘘。ナイスタッチという表現は間違いではないけれど、ラインに乗っていなかったから入らなかったのです。

ジャストタッチで入れるのか、強めのタッチで入れるのかを決めて、ボールが転がるスピードに適応したラインを想像し、ブレイクポイントを狙って打つことです。ジャストタッチと強めのタッチの中間もあるわけで、この場合もまたラインが変わります。こうして考えると、カップインさせるためのラインは無数にあるといってもいいくらいです。

ラインは細い線のイメージがいいでしょう。カップの幅を持った帯と考えても構いませんが、細い線を想像したほうが、ボールがラインに乗りやすいといえます。

入れるイメージを持ってストロークすることが大事ですが、リスクマネジメントを考えることも忘れてはなりません。傾斜がきついグリーンなどで、15メートルのパットでカップをオーバーしたら返しのパットが難しくなる場合などは、カップの手前で止めるタッチで打ちます。このときもラインが変わります。先ほどのフックラインでいえば、初速のスピードがさらに緩やかになるのですから、左への曲がりがより大きくなります。

「プロサイドにはずせ」といいますが、これが必ずしも正しいとは限りません。フックラインなら正しいラインの右側がプロサイドで、左側がアマチュアサイドです。スライスラインでは正しいラインの左側がプロサイド、右側がアマチュアサイドとなります。プロサイドにはずしても、まだカップインのチャンスは残されていますが、アマチュアサイドにはずしたら入る確率はゼロというわけです。

しかし、プロサイドにはずすと、次のパットが下りとなります。できれば上りのパットを残したほうが次のパットで入る確率が高いのですから、状況次第ではアマチュアサイドにはずすのが堅実ともいえるのです。こうしたリスクマネジメントも、パットシングル入りに欠かせません。

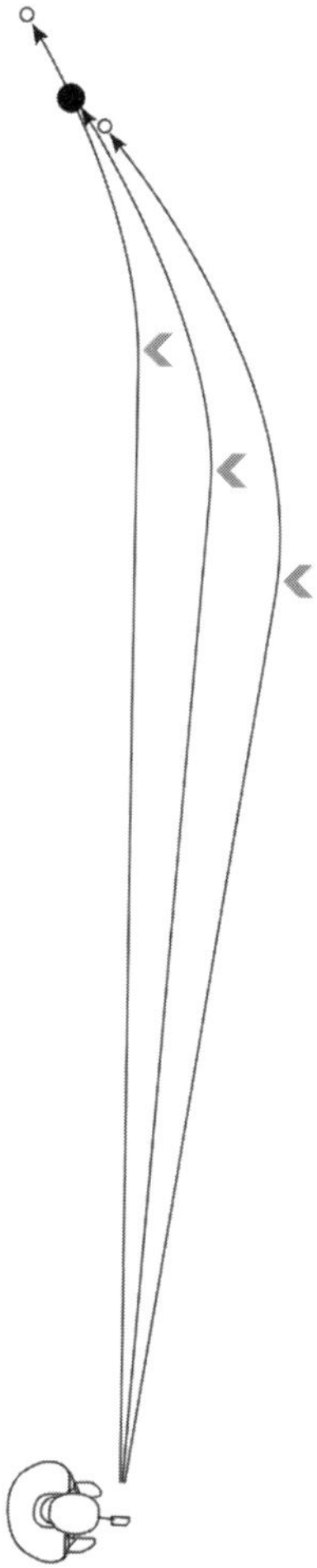

強めのタッチとジャストタッチでは、ボールの転がるスピードが変わるのでラインも違ってくる。カップの手前で止めたい場合は、さらに曲がる度合いが大きくなることを頭に入れてラインをイメージする。

上りのラインは、ボールの転がりが重力に逆らうので、スピードが早く低下します。平坦なラインと比較すれば、初速と終速の差が大きいのが特徴です。左右に曲がるラインでは初速を速くしても、カップから近い場所で急速にスピードを緩めて、大きく曲がります。そのため、ブレイクポイントをカップの近くに想定してストロークします。

下りのラインの場合は、ボールが重力方向に転がるため、初速と終速との差が、平坦なラインよりも小さくなります。カップに近づくほどボールが加速するのも、決して珍しくはありません。ストレートな下りのラインなら、小さい振り幅でボールをスクエアにヒットするだけでいいので比較的やさしいのですが、左右に曲がるラインはボールが転がるスピードのイメージと、ブレイクポイントの設定が難しいのが特徴です。

私が尊敬する先輩プロに、パットが上手いことで知られるプレーヤーがいます。どうやら企業秘密らしく、名前は残念ながら明かせませんが。たとえば、ジャストタッチで打つ場合、カップ1個分左のスライスラインがあったとしましょう。大抵はカップ1個分左の方向を狙って打ち出しますが、その人は「3メートルまではカップを狙って打つ」と断言するのです。ハッキリいって、強すぎるタッチです。少し曲がる程度のラインなら、カップをストレートに狙ってねじ込んでしまえ、という考え方です。こうした強気のパットがポンポン入ると、相手は恐怖を感じ、戦意を喪失してしまいます。ドライバーを遠くに飛ばせる人が、攻撃的なのではありません。強気のパットを打てる人が、真の攻撃型プレーヤーなのです。

なお、パットではハンドファーストに構えすぎないように注意すること。アドレスの両手の位置は、体の中心線上と左モモの前の中間がいいでしょう。それよりも両手を目標方向に近づけると、パターのフェースが立ちすぎてしまいます。もともとロフト角が2・5～4度しかないのですから、それが0度、またはマイナス1～3度になります。そのままストロークすると、インパクトでもフェースが立ちすぎて、スキップゾーンがまったくなくなり、ボールの転がりに大きく影響します。

スキップゾーンを少なめにして早く順回転をかける考え方はいいとしても、ハンドファーストに打ちすぎると、インパクトの瞬間にボールがポコッと浮き上がって正しい順回転がかかりにくく、距離感が合わなくなります。

ロングパットで大きなカップを想定するのは逆効果

ロングパットでは方向性よりも、距離感がとくに重要です。アマチュアゴルファーが10メートルなどの長いパットで、よく3パットしてしまうのはファーストパットがカップの近くに寄らないためです。3メートル以上も手前にショートしたりオーバーしたりの繰り返しでは、パットシングル入りは遥か先の険しい道のりといわざるを得ません。

では、ロングパットに強くなるにはどうしたらいいのか。スタート前の練習グリーンで、その日の芝の状態をチェックして、自分なりの距離感をつくっておくのももちろんですが、考え方次第でカップの近くに寄せる力はすぐに身につきます。

ロングパットでは、半径1メートル大の大きな円を想定し、アプローチ感覚でストロークする。このように教える人がいます。

そこで、私もカップを中心とした半径50センチの円に沿ってテープを張り、15メートルなど長い距離の練習をしてみた経験があります。ところが、これがまったく入らない。それどころか、カップの近くに寄りもしないわけです。

結局、目標が1メートル大の円では、ボールを打ち出すエリアが広すぎて、逆に的が絞れないことがわかりました。目標がないようなものです。ロングパットでもショートパット同様、目標をカップに絞るほうがラインのイメージが浮かびやすいのです。

ただし、目標が遠いほどカップがぼやけて見えるので、誰かにピンを持ってもらうことを勧めます。私は、以前は5メートルでもキャディにピンを持ってもらっていたほどです。ピンを持つ人がいなくても、カップの位置に誰かが立って手招きでもしている立体的なシーンをイメージすると、距離感が合いやすくなります。

10メートル以上のパットは、プロでもカップインは至難の業です。入れるイメージでストロークしますが、はずした場合でも次のパットがやさしく打てることを考えます。これがプロたちがよく口にする「保険をかける」作戦です。下りの50センチより、1メートルの上りのほうが確率が高いので、アマチュアサイドにはずすことが決して間違いではないのです。

ファーストパットをカップの近くに寄せたら、次のショートパットも慎重に打ちましょう。カップの周りのライン上にボールマークを見つけたら、必ず修復しておくこと。パットシングルになるには、グリーンフォークは必需品です。

ボールの前に立ったら、もう方向のことは考えない

人間の目はとても精巧で、様々な機能や働きをします。ところが、目の使い方を間違えたために、自分のイメージどおりの動きができなくなってしまうケースがよくあります。どういうことかというと、狙うターゲットやボールを見る位置によっては、錯覚や誤差が生じ、間違った現象を招きやすいのです。

ドライバーやアイアンなどのショットを思い浮かべてみてください。アドレスに入る前に、一度飛球線後方に立ち、ボールと目標を結ぶターゲットラインをイメージしますね。体が目標に正対しますから、当然、両目も目標に正対しています。このとき、両目は目標に対する「方向性」を無意識のうちに感じ取っているのです。

そして、ボールの前にきて、アドレスをつくります。イメージしたターゲットラインと平行に構えようとしますが、この状態で遠くの目標を見ると、両目がターゲットラインと交錯します。すると、「体がちょっと左を向いているな」と感じてしまうわけです。人によって感覚が違うので、逆に右を向いているように感じる場合もありますが、要するに目

の錯覚が生じるために、体の向きを修正しようとして、アドレスを間違えてしまう結果となるのです。

両目がクロスした状態で目標を見ると、方向感覚のズレが発生するのは当たり前のことです。ボールの前にきたら、もう目標のことは考えず、イメージしたターゲットラインに対して平行に構えることに集中すればいいのです。

スパットはできるだけボールの近くに設定する

同じことが、パットにも当てはまります。両目が目標に正対している位置からは方向性を感じ取りやすく、両目がクロスしている位置では「距離感」を感じ取りやすいのが、目の持つ機能です。

ボールのラインの後方側に立ってカップを見るときは、ボールをどの方向に打ち出すかを第一に考えます。ラインに正対する位置で素振りをする場合も、方向をイメージしながらパターを振ります。そして、ライン上のブレイクポイントを決めたら、ボールのすぐ先にスパットを想定しておきましょう。スパットとはボウリングの目印のことで、ブレイクポイントに向かって正確に打ち出すための、第2の目標です。

ボールの前にきたら、フェース面をスパットに真っ直ぐセットし、ラインに対して平行に立って構えます。この位置でカップのほうを見ると、両目がラインとクロスしますから、もう方向性は気にしないこと。ボールの前にきて、アドレスをつくる前にカップを見ながら素振りをしても構いませんが、ここでは距離感だけをイメージしましょう。

ラインの後方から見て、ブレイクポイントを決めて、スパットまで設定したのですから、そこで方向をチェックする作業は終了です。アドレスをつくったら、スパットを狙って打ち出せばいいと信じてストロークするだけです。アドレスの前の素振りも、漠然とパターを振るのではなく、両目の機能を理解した上で、どの場所で素振りをすれば方向性、または距離感を感じやすいかに、気を配ってみてください。

ショートパットでルックアップしやすいのは、カップが視界に入るのも理由のひとつですが、方向を早く確認しようとして、両目をカップに正対させてしまうから。スパットをボールのすぐ先に置くのは、こうしたミスを未然に防ぐためです。ボールの近くなら、ストローク中に目が動く心配が解消されます。かなり先にスパットを置くと目が動きやすいので、ロングパットでもなるべく近くに設定しましょう。

方向性と距離感における目の使い方

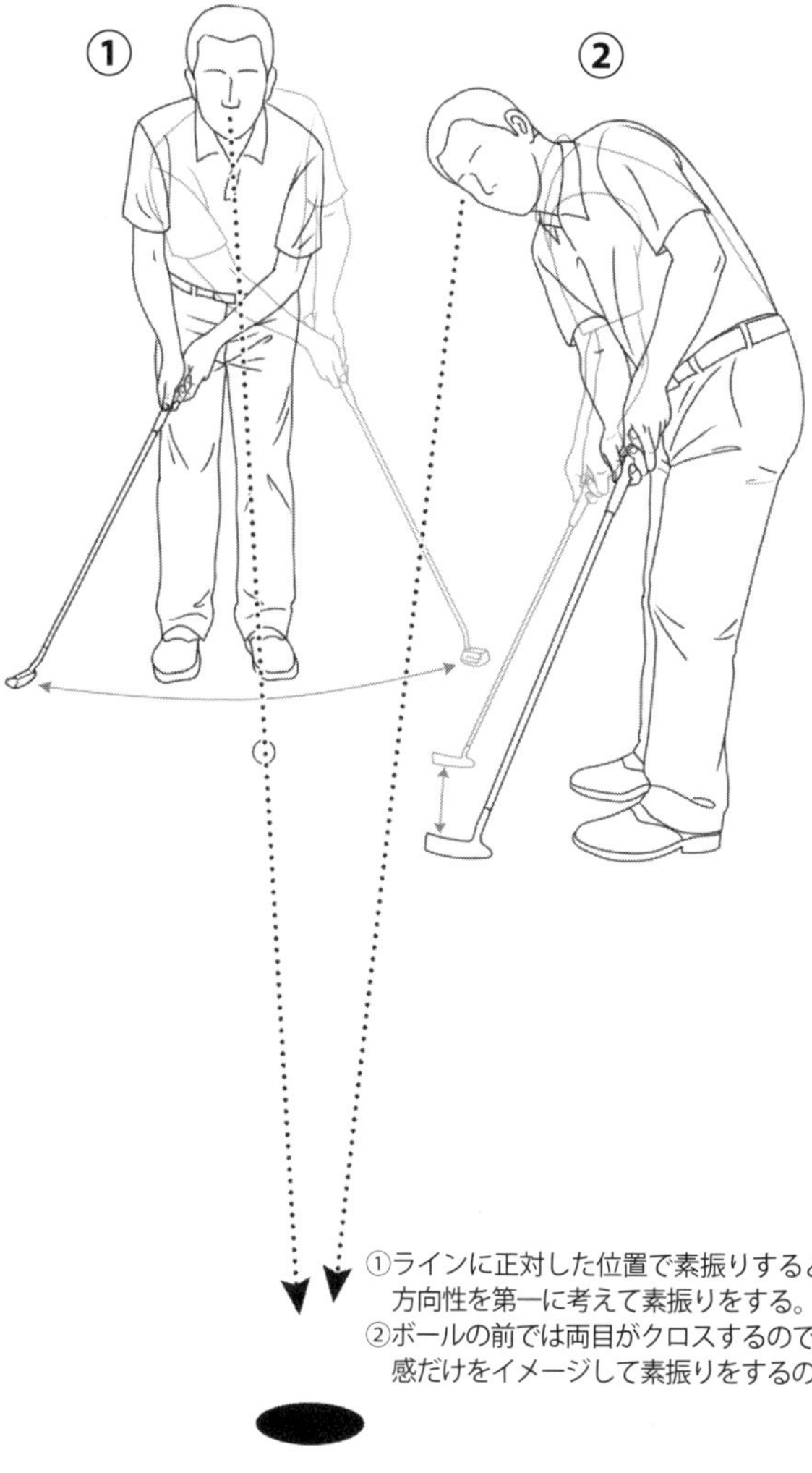

①ラインに正対した位置で素振りするときは、方向性を第一に考えて素振りをする。
②ボールの前では両目がクロスするので、距離感だけをイメージして素振りをするのがいい。

パターが入らなくなったら、下半身や腹筋、背筋を鍛えよう

調子のよかったパットが、突然入らなくなることがあります。これは、ストローク軌道がブレているとか、距離感やタッチが合っていないなどが原因と考えられますが、66ページでも説明したように、ボールの位置のズレが発端であるケースが多く見られます。そのために、自分が気づかないうちにアドレスに狂いが生じてしまうわけです。

ボールの位置をチェックし、アドレスの間違いを修正しましょう。「よし、これでもう大丈夫」と安心したのも束の間、それでもまだパットの不調から抜け出せないようなら、筋力の低下が原因と疑ってみてください。

シニアの選手たちが、「パットが入らなくなった」と嘆く声をよく聞きます。目の衰えもありますが、それ以上に下半身や体幹が弱くなったところに、根本的な理由があるのです。下半身や体幹の筋力が低下しては、長い時間パットの練習ができません。筋力が衰えると、アドレスのバランスを保ちにくく、ストロークがブレやすくなります。

私もパットの調子が悪くなったら、まず下半身を鍛え直します。ジョギングしたり、ス

クワットしたり、腹筋や背筋の筋力トレーニングをしたりして、体幹の強化にも努めます。何故、筋力が必要かというと、パットは手先をまったく使わず、体を使ってストロークするからです。

みぞおちの回転でストロークするタイプは、胸椎を支点にして腹筋を動かします。肩甲骨のスライドを使うタイプは頸椎が支点となりますが、アドレスの前傾姿勢がやや深いために、腹筋や背筋のバランスを保つことが大切な要素です。

長時間、パットの練習を続けるということは、強い腹筋や背筋、下半身の筋力が必要不可欠です。

杉原輝雄《すぎはらてるお》選手や丸山茂樹《まるやましげき》選手が、朝から晩までパットの練習を続けていたという話を聞いたことがありますが、下半身や体幹がそれだけ強靭でなくては、到底できないこと。強い筋力があったからこそ、パットの名手としての地歩を築けたのです。

パットの理想のアドレスは、長い時間、同じ姿勢で構えられるような構えです。構えていて辛さを感じたり、すぐに腰に痛みを感じるようなアドレスは避けましょう。下半身があまり強くない人は、スタンスを広めにするなどの工夫もいいと思います。そして、無理のない範囲で、自分なりに筋力アップに努めれば、パットの不調から立ち直れます。

「お先にパット」を打つときは、安易なストロークは厳禁

カップインを狙ったパットが惜しくもはずれて、「お先に」とカップに入れるゴルファーをよく見かけます。ところが、僅か20～30センチなのに、お先にと打ったパットをはずしてしまったという失敗の経験はありませんか？

この、「お先にパット」は、油断なりません。たった30センチだからと、なめてかかると痛い目に合います。

では、お先にパットをはずしてしまうのはどうしてか。その理由は、三半規管にあるのです。ショットでもそうですが、パットの構えは前傾姿勢です。最初のパットをはずして、カップの近くに静止したボールに近づくとき、大抵は上体をいったん起こします。そして、お先にパットを打つとき、上体をもう一度前傾させます。前傾姿勢をつくる。上体を起こしてツカツカと歩く。再度、前傾姿勢をつくる。この一連の動作の間がほとんどないため、三半規管が正常に働かず、体の平衡感覚が保てない状態になっているのです。

もっと、わかりやすく説明しましょう。クラブの代わりに、右手に水の入ったコップを

持っているとします。直立の姿勢から、上体を前傾させるとコップの水の面が傾きます。そして、すぐに上体を起こすと、水の面が揺れます。水の面が元の水平に戻るまで時間がかかるわけです。水の面が揺れたまま、また上体を前傾させれば、さらに大きく揺れてしまいます。

もっとも厄介なのは、カップをややオーバーしたパットを、体を反転させて打つケースです。上りのフックラインをはずしたとすれば、次は下りのスライスラインです。軽い左足上がりのツマ先上がりから、足場が左足下がりのツマ先下がりと変化するので、最初のパットから、お先にパットを打つまでの時間が短いと、コップの水でいえば、ゆれて水があふれ出している状態のまま、ストロークすることになります。

体が目《め》眩《まい》を起こして、パニックに陥っているから、普段のストロークができなくなってしまう。ここに、お先にパットの落とし穴があるのです。できれば、一度ボールをマークし、体や気持ちを落ち着かせてから、打つようにしましょう。

お先にパットをすぐに打つ場合は、最初のパットを打ったときの前傾姿勢をできるだけ変えないままでボールにゆっくりと近づき、自分の通常のアドレスをつくってから打つようにすることです。

手首や下半身も必要に応じて動かそう

頭を動かさない。手首を使わない。下半身を動かさない。これらは、パットの基本となる要素といえます。

ストローク中に頭が動くと目線が変わり、ストローク軌道がブレてしまいます。手首を使えば、フェースの面をスクエアに保ちにくく、インパクトの打点が狂いやすくなります。そして、下半身を動かせば体の軸も揺れて、やはりストロークの軌道が不安定になります。

しかし、だからといって、何でもかんでも止めておかなくてはならない、使ってはならないというわけではありません。

一例をあげましょう。パットの上手いことで知られていた、優勝経験のあるプレーヤーですが、ストローク中に下半身が動く個性的なスタイルでした。具体的にいえば、ダウンスイングからフォロースルーにかけて右ヒザを左ヒザのほうに送っていたのです。いい結果を残していたのですが、コーチに「下半身が動いている」と指摘されて、本人は「いや、動かしていない」と反論。そこで、ビデオで撮影したところ、「本当だ。動いている」と、そのプレーヤーも納得してしまったのです。

それからは意識して右ヒザを動かさないように心がけてみたら、パット不調に陥ってしまい、ついに長尺パターに手を出すようになりました。下半身が動くのは基本に反するかもしれませんが、結果が出ていれば、そのプレーヤーのオリジナリティですから、一向に構わないのです。それに長いパットの場合、フォロースルーでパターヘッドをスムーズに出すには、右ヒザの送りを自然に使うのは合理的な動きといえます。

アマチュアは「イップス病」になる心配なんてない

頭や手首だって同じです。短いパットではカップインするまで両目を動かしたくないので、頭を固定しますが、長い距離のパットは打った後に上体を軽く起こして、頭を少し動かすのは悪いことではありません。両目をラインとクロスさせて、ボールの転がりを見ながら、自分の距離感のミスがなかったかをチェックする上では、目的にかなった動きです。

また、アマチュアの場合、トーナメントプロよりも重いグリーンを多く経験しているといっていいでしょう。トーナメントでは速いグリーンが中心ですから、必然的にリスト固定のストロークが重視されます。しかし、ボールの転がりが鈍いグリーンでは、リストを利かせて打つのが有効です。要は、体の回転がまったく使えていない、手打ちのストロークは避けるべきであって、体の回転と同調したリストストロークは間違いではないのです。

プロの場合、ストレートラインがもっともやさしく打てますが、真っ直ぐ打つ技術が伴っていないアマチュアは、ストレートが一番難しく感じられるでしょう。左右に曲がるラインのほうが、マグレにしても結構入りやすいもの。どんなラインも入らないでいると、「イップス病だ」と、すぐに嘆くゴルファーがいます。イップス病とは、球を打とうとするときに手がなかなか動かない一種の病ですが、トーナメントプロにしか発症しません。

イップス病になりやすいのは、腕の力感を使うタイプです。インパクトでパンチが入るなど、ストローク中にグリッププレッシャーが変わりやすい人です。プロの場合、多額の賞金や生活がかかっているため、過度の緊張に襲われて、手がシビレを感じるのは止むを得ないこと。一般のアマチュアは、そこまで緊張することはまずないので、ご安心を。

「自称イップス」という人は、プレッシャーのかかる場面でも、スムーズにストロークできる打ち方を体得しましょう。腹筋と背筋を動かせば、手が勝手に動く。そう考えれば、気楽にストロークできるはずです。

第4章
自分に合ったパターの選び方

第4章

パターの形状や種類は豊富だが、万能型はピン型とツーボール

ゴルフショップを覗いてみるとわかりますが、パターの種類は実に豊富です。ヘッドの形状も様々で、これだけ多くのパターの品揃えとあっては、どれを選べばいいか迷ってしまうことでしょう。しかし、自分の感覚や感性、ストロークの形などで、向き不向きがありますから、ショップのアドバイザーともよく相談して、決めるようにしましょう。

パターの種類を大きく分けると、次のようになります。

●ピン型……パターの代表的な形状です。ネックがカギ状（クランクネック）に曲がったクラシックな形状が多くのゴルファーに好まれています。あらゆる打ち方に適応しやすいモデルで、万人向きといえます。クランクネックよりも、ネックを短くしたモデル（ショートネック）もあり、こちらはL字型に近い特性を持ちます。

●L字型……アイアン感覚でストロークしやすい形状。ヘッドのヒール部にシャフトが装着されているため、フェースの開閉を使いやすいのが特徴です。

●マレット型……ストローク中のフェースの開閉を抑制しやすい機能を持ちます。現在ではマレット型に代わって、ネオマレット型が多く使われるようになりました。
●ネオマレット型…マレット型の進化形です。マレット型よりも重心深度が深く、フェースバランス設計のため、ヘッドの直進性が高いのが長所です。
●Tバー型………T字型をベースにした形状です。重心深度は見た目より浅く、操作性に優れています。オデッセイの「ツーボール」がその代表作で、2つのボールにみたてた白い丸がクラブの軌道のガイドラインを作り、安定したストロークを引き出します。ピン型同様、万人向けのパターといえます。

フェースの開閉を使うならL字型やピン型

また、ヘッドの形状とは別に、ボールの素材と同じ樹脂をフェース面に装着した「インサート型」と、そうではない「ノーインサート型」にも分かれます。インサート型はボールの弾きがいいので、ボールが転がりすぎるイメージがあります。ラフからキャビティアイアンで打ったら、フライヤーになって飛びすぎてしまうのと同じ感覚です。ただ、つねに打ち切れない、ショートしやすい方には打ってつけです。

ストロークのタイプとパターの相性に関しては、みぞおちの回転でストロークしたいタイプは、L字型とピン型、Tバー型が適しています。中でもアイアン感覚でストロークしたいという明確な目的を持つゴルファーには、L字型がとくにお勧めです。そして、ピン型のショートネック、ピン型のクランクネック、Tバー型という順で、フェースの開閉がやや抑えられますが、それでもネオマレット型に比べると、ショットのイメージに近い自然なインサイドインの軌道でストロークしやすくなっています。

肩甲骨のスライドでストロークしたいタイプには、ネオマレット型やマレット型が合っています。とくにネオマレット型は、フェースバランス設計の上に、ヘッドの慣性モーメントが大きく、ストローク中のフェースの開閉をいっさい排除しています。プロたちにも愛用されているテーラーメイドの「スパイダー」が代表作です。パットはショットと別物という考え方で、できるだけヘッドをストレートに振りたい、方向性を出したいというゴルファーにピッタリです。

しかし、ピン型のクランクネックとTバー型も、肩甲骨のスライドでストロークしたいゴルファーにも十分に対応できます。L字型やピン型のショートネックに比べると、フェースの開閉が多少軽減されるので、ストレートに振りたい人にとっても、それほど違和感はないでしょう。こうした意味でも、完全なフェースバランスではないタイプのマレット型も、みぞおちの回転でストロークしたいゴルファーにも対応できるといえます。

球が入りやすいパターが、自分に合ったパター

また、それ以外には中尺パターや、長尺パターもあります。中尺パターは、グリップエンドをお腹につけて構えることで、ストロークの支点が安定しやすいのが利点です。以前、横峯《よこみね》さくら選手やビジェイ・シンが使用して注目され、最近では、中尺パターを使った初のメジャーチャンピオンも誕生し、中尺パターのよさが再確認されています。長尺パターは、大きくゆったりとストロークしやすく、腰をかがめないスタイルで体への負担が少ないため、ベテランゴルファーに好まれています。

ギアを総括すると、ドライバーなどはアマチュア寄りに造られている傾向にありますが、スコアの要となるパターは、どちらかといえばプロや上級者のニーズに応えた造りになっています。その中でやさしく感じられるパターも、きっと見つかるでしょう。でも、やさしいパターが入るパターではないのです。入るイメージが浮かびやすく、自分に合っているのがよいパターです。

代表的パターの種類

ピン型パター

もっともポピュラーな形状で、どんなストロークにも対応できる万能型。

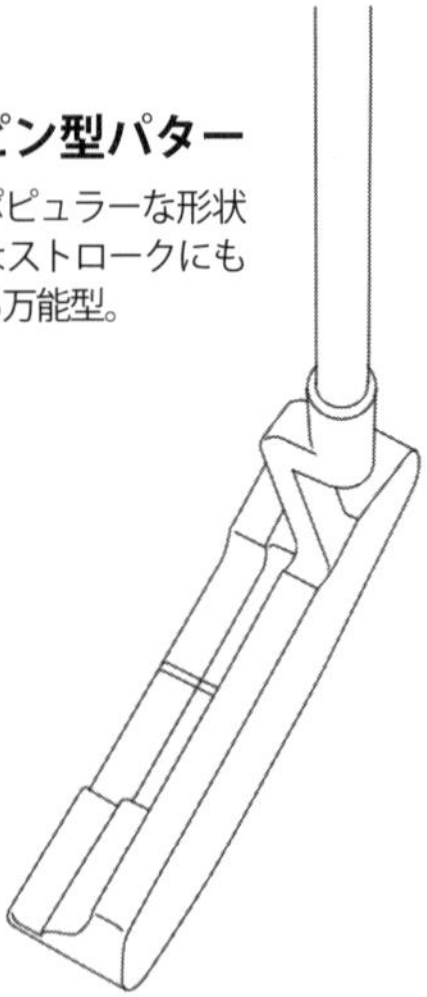

L字型パター

ショットのイメージでストロークしたい人にもっとも適したパター。

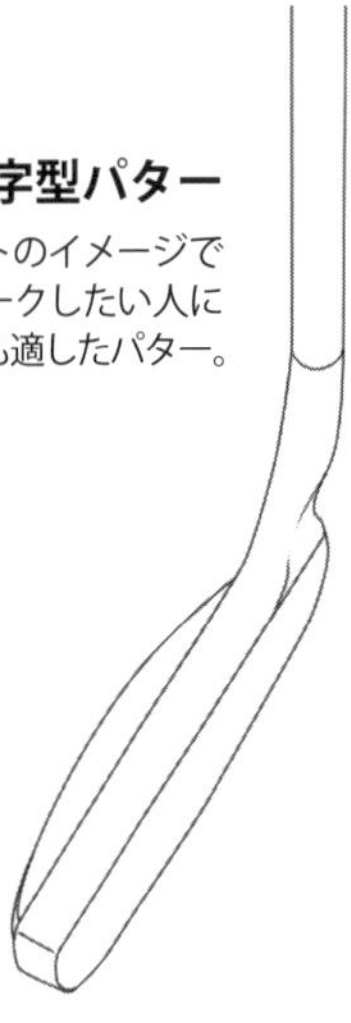

マレット型パター

直進性が高く、ストレートな軌道で振りやすいのが長所。

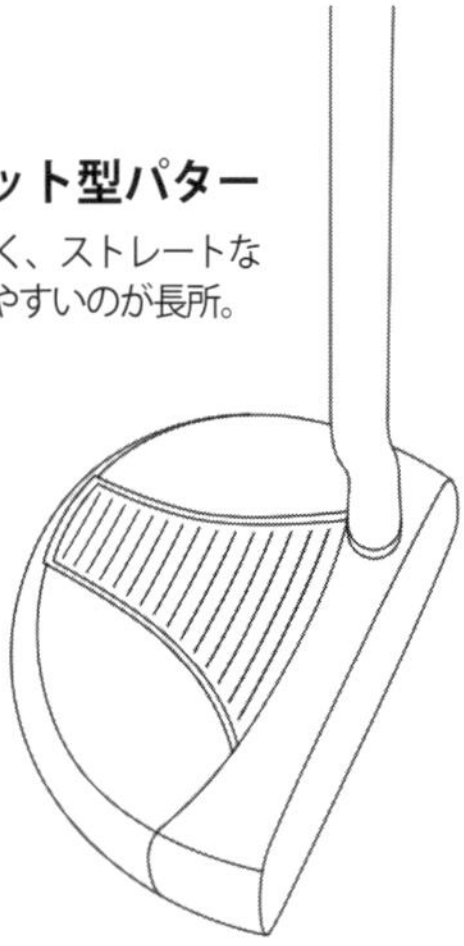

ネオマレット型パター

マレット型の進化形でフェースバランス設計によって、方向安定性をより高めている。

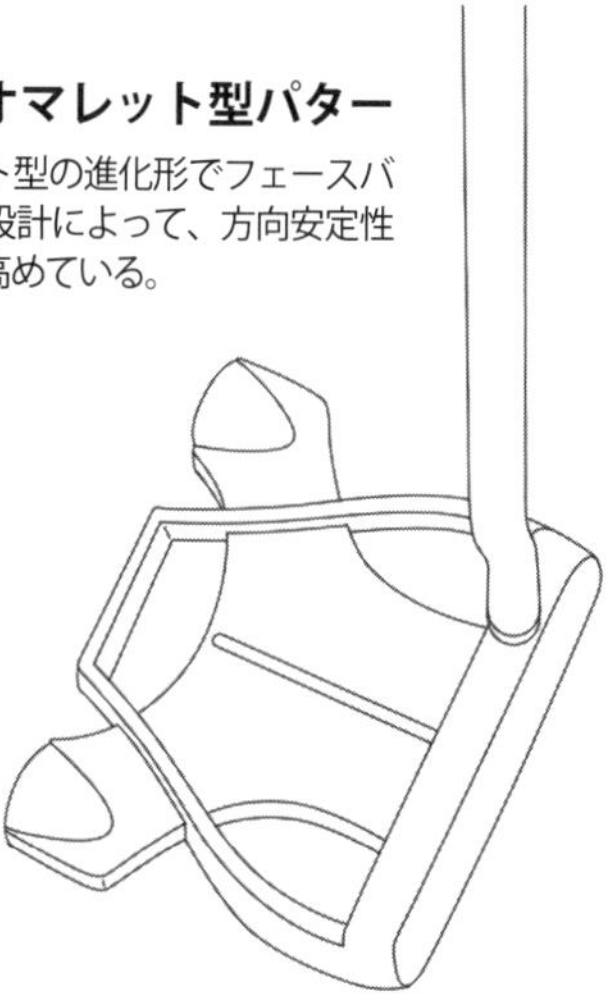

Tバー型パター

ツーボールパターが代表作。ストレートに振りやすいが、フェースの開閉を使うタイプにも対応できる。

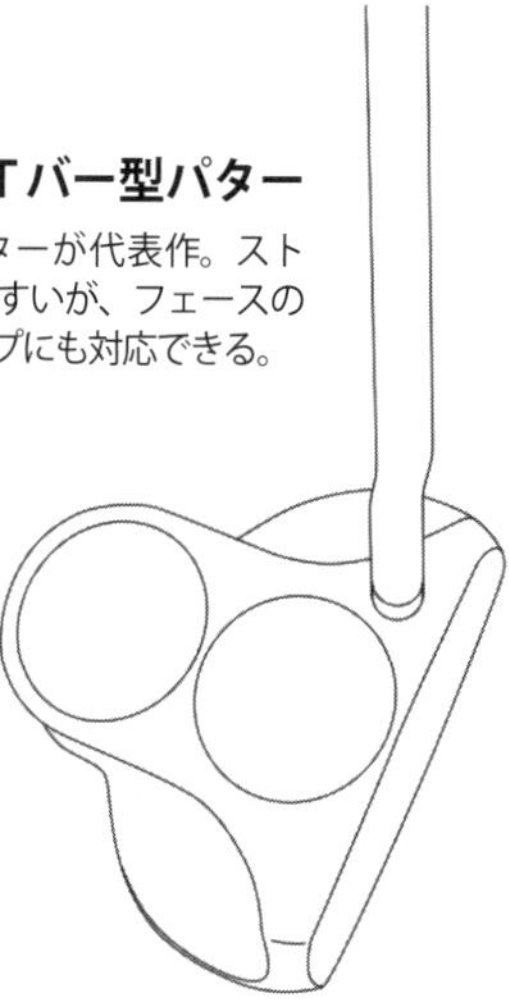

第4章

自分に合ったパターの選び方

ミスパット防止を第一に考えたパター選びもある

基本的にはどんなストロークをしたいかで、選び出すパターが分かれます。しかし、パターの特性や機能を十分に理解した上で、使うパターを決定するのもいい方法です。たとえば、ロングパットの距離感が合いにくく、苦手意識のある人には、ストローク中のフェースの適度な開閉が使いやすいL字型やピン型が合っているといえます。ショットもそうですが、フェースターンするほうがボールにエネルギーを伝達しやすく、遠くまで運べます。つまり、小さい振り幅でもボールがスムーズに転がるという性質を持つのです。さらに、振幅を抑えることでフェースの芯で正確にヒットしやすい上に、距離をコントロールしやすくなります。

注意したいのは、意識的にインサイドインに振ろうとしないこと。手先の動きに頼ってストロークしてしまい、軌道がブレてフェースの芯をはずしやすくなるからです。パターの機能に任せておいて、みぞおちの回転で振ることが大切です。

逆にショートパットをよくはずしてしまうという人は、フェースの開閉を受けつけないネオマレット型がとくに有効です。テークバックしたら、そのままヘッドを下ろすだけで、ボールを真っ直ぐ転がせます。フェースの向きの狂いが少ないので、方向性が安定するのです。

このパターの場合、ソール全体が芝に触れるようにアドレスすることが重要なポイントです。トウ側を浮かせて構えると、フェースが最初から左を向く上に、ストローク中に無駄なフェースの開閉が生じます。

これでは、パターの機能を殺してしまうことになるので、構えたときのソールの座りがよく、自分に合ったライ角のものを選びましょう。

ヒッカケとプッシュのどちらのミスが多いか？

自分のミスパットの傾向を分析した結果、左に引っかけてカップの左にはずしてしまうケースが多いゴルファーは、ネオマレット型がいいでしょう。引っかけてしまうのは、フェースの開閉が強すぎるか、軌道がアウトサイドインになっているかの、どちらかが原因です。フェースのターンを抑制し、ストレート軌道で振れるようになれば、カップイン率が劇的にアップします。

いつもカップの右に押し出してしまう人には、L字型やピン型を勧めたいと思います。右にプッシュするのは、ストレートに振る意識が強すぎるために、インパクトでフェースが開くからです。軌道がインサイドアウト型になっていることも考えられます。こうしたミスが生じやすいゴルファーは、フェースの自然な開閉を使ってストロークすることで、ボールのつかまりがよくなり、狙った方向に打ち出せるようになります。

また、ヘッド形状は別にして、グースネック型のものと、出っ歯型のものにも分けられます。アイアンやウェッジのヘッド形状を見てもらえればわかりますが、リーディングエッジと呼ばれるフェースの刃の部分が、シャフトの付け根よりも後方側にあるものがグースネックで、前に出ているのが出っ歯型です。パターの場合、ロフト角が極端に小さいので、フェース面全体を刃の部分と考えてください。

グースネック型はボールがつかまりやすい特性があるので、プッシュの防止に効果的でしょう。インパクトのタイミングが早すぎるために、フェースがやや開いた状態でヒットしてしまう症状が見られる人には、とくに有効です。

出っ歯型はヘッドファーストでボールを打ちやすく、自分のタイミングよりもインパクトが早くなります。逆にいえば、ハンドファーストに打ちにくく、左に引っかけにくいわけです。

ピン型はアドレスの両手の位置に注意

ボールの転がりがスムーズにいかず、距離感がどうも安定しないという人は、アドレスでハンドファーストになりすぎていないか、一度チェックしてみてください。ヘッド形状でいえば、ピン型がもっともハンドファーストに構えやすく、それがショットに近い感覚でストロークしやすいメリットを生んでいます。しかし、その反面、アドレスの両手の位置がズレやすいという欠点も持ち合わせているのです。

パターの場合、ロフト角が小さいので、極端にハンドファーストに構えるのは禁物です。インパクトロフトが0度以下になると、ボールに順回転がかかりにくく、転がりが安定しないからです。両手の位置は、体の中心線上と左モモの前の間が基準ですが、ボールの位置同様、両手をつねに同じポジションにセットすることに十分気を配りましょう。

パターを替えることは、勇気がいるかもしれません。しかし、実践したいストロークとパターの性能がマッチしていなければ、パットシングルへの扉を開けないのも事実です。恋人選びのように、相性のいいパターを見つけ出してください。

第4章 自分に合ったパターの選び方

パターの重量がストロークに大きく影響する

パターを選ぶときは、重量にも気を配りましょう。アマチュアは重すぎるパターを使っているケースが非常に多く、それが原因で自分のリズムで振れていないというケースをよく見かけます。

ピン型やL字型などのパターを使用して、フェースの開閉を使うタイプは、小さいストロークでもボールにエネルギーを乗せやすく、伸びるように転がる球を打ちやすい長所があります。ところが、重いパターは小さいストロークでは振りにくく、大きくゆっくりとストロークしなくてはならないため、ストロークのイメージとマッチしないのです。

みぞおちの回転でストロークするなら、ヘッドの加速感とか、スピードを出すためにも、ヘッドは軽めのものが適しています。たとえば、私が持っているパターのうちの1本のスコッティ・キャメロンのヘッド重量は340グラムですが、300グラム前後でもいいくらいです。

肩甲骨のスライドを使うタイプは大きくストロークしやすいので、重めのパターが操作しやすいといえます。もともと大きな振り幅でストロークできる人も、ネオマレット型やマレット型など重めのものが適しています。

ちなみに以前の私は、いつも打ち切れず、カップの手前にショートしてしまう傾向がありました。自分ではしっかりヒットしているつもりなのに、カップに届かないわけです。その理由がなかなかつかめなかったのですが、あるとき長尺パターを使ってみました。総重量は1キロ近くで、これだけ重いと絶対に小さいストロークでは振れません。大きくゆっくりとしたストロークを繰り返しているうちに、それまでの自分の振り幅がいかに小さかったかを痛感させられたのです。これじゃ届くわけがない。入らないのも当然だ。そう納得し、元のパターに戻してストロークを少し大きくしてみたら、タッチが合い出して、よく入るようになりました。

重いパターは慣性モーメントが大きく、ヘッドが勝手に仕事をしてくれます。つまり、オートマチック感覚のようなもので、自分の感性やリズムでストロークしにくいのが特徴です。

軽めのパターはマニュアル感覚でストロークしやすいといえますが、何となくボールの転がりが鈍いなと感じたときは、重めのパターで練習するのもいいアイデアです。

グリップは太めのほうが、リストを固定しやすい

パットのストロークは、できるだけ手のひらの感覚を消したいというのが、私の考えです。53ページでも述べたように、両手のひらを広げてパターのグリップを挟むイメージです。両手にはなるべく力を入れないために、「持たない」感覚で握るのです。

そうすることで、69ページのトム・ワトソンやベン・クレンショウのエピソードを紹介するまでもなく、ストローク中のグリッププレッシャーを保ちやすくなります。リストを固定しやすく、インパクトでパンチが入ったり、緩んだりする無駄な動きを防げます。

ところが、パターのグリップが細すぎると、指のほうで握るフィンガーグリップになり、自分でも力を入れようとしなくても、自然に両手に圧力が加わります。ドライバーやアイアンなどのグリップは、両手の薬指でしっかりと握れる太さが基準です。

何故、薬指なのかというと、重いバケツなどを持ち上げるときに、力の作用点となるのが薬指であるからですが、パターの場合は薬指に力が入りにくい太さを持ったグリップが適しているのです。

手のひらと平行に近い角度でグリップを添えて、手のひらでそっと握る感覚を出すには、いわゆる極太グリップでもいいほどです。試しに、グリップにタオルをぐるぐる巻きにして持ってみましょう。両手で握る感覚が消えて、両手のひらで挟むように持てます。リストが固定されて、グリッププレッシャーも変わらずにストロークできることも実感できるはずです。そこまでグリップを太くする必要はありませんが、こうした感覚を大切にして欲しいのです。

また、シャフトの長さも無視できません。34インチが一応の目安ですが、みぞおちの回転でストロークするタイプは前傾姿勢を浅めにし、両腕をすんなり伸ばして構えるのが合理的なので、シャフトは短めが適しているといえます。肩甲骨のスライドでストロークするタイプは前傾姿勢を深めにしますが、両ヒジを曲げて構えるので、ノーマルの長さで十分に対応できます。

要は、バランスよく構えやすくて、イメージどおりのストロークを実行しやすい長さのものを選ぶことです。

パターを替えたくない。でも、重すぎて、自分のイメージでストロークしにくい。その場合は、シャフトを1～2インチ切って短くし、少し軽くする手もあります。

中尺は軌道が安定しやすく、合理的なパター

中尺パターは最近ではあまり見られなくなりましたが、グリップエンドをお腹に軽く当てて構えるため、ストロークの支点が固定しやすい長所があります。左手と右手、それにグリップエンドの3点固定式ストロークというわけです。軌道のブレが少なく、ボールをミートしやすいので、実に理にかなっています。

ノーマルのパターよりもシャフトを長くし、ヘッドの形状はマレット型やTバー型が適しています。グリップエンドをお腹に固定しておくので、みぞおちの回転でストロークするイメージは高まりますが、シャフトが長くてパターの重量があるため、フェースが開閉しやすいL字型やピン型はあまり向いていません。

長尺は左手を胸の前でグリップし、右手を腰の高さくらいの位置で添えるのがアドレスの基本的な姿勢です。この場合は左手がストロークの支点となり、左手と右手の2点固定式です。これだけシャフトが長いと、パターの重量が1キロ近くにも達して、小さい振り幅でストロークするのが難しくなります。

ただし、ヘッドの直進性が優れているので、パターの機能に任せたいというゴルファーには適しています。浅い前傾姿勢で構えられるため、腰への負担が少なく、年輩のゴルファーに多く使われています。ヘッド形状はネオマレット型がマッチしています。

日本の多くのゴルファーは、美的感覚を大事にしたい気持ちが強いようで、とくに長尺パターは敬遠されがちです。しかし、もしかすると中尺パターや長尺パターが、あなたの強力な味方になってくれるかもしれません。実際に手にして、転がしてみたとき、このパターならよく入る、このスタイルこそ、パットシングルの近道、そんなインスピレーションが働いたとしたら、フル活用することを勧めます。

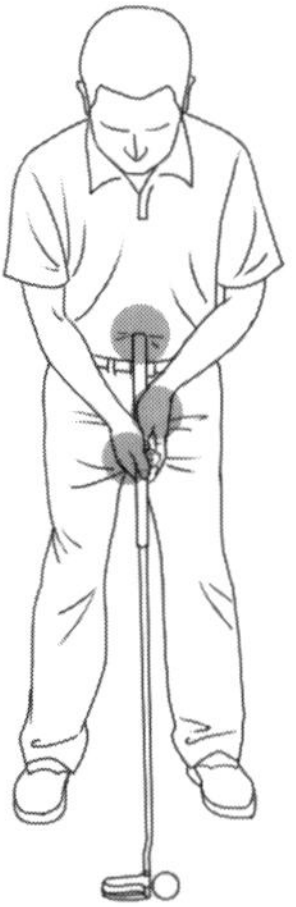

グリップエンドをお腹に当てて構える中尺パターは、３点固定式ストローク。ヘッドの軌道が安定しやすい。

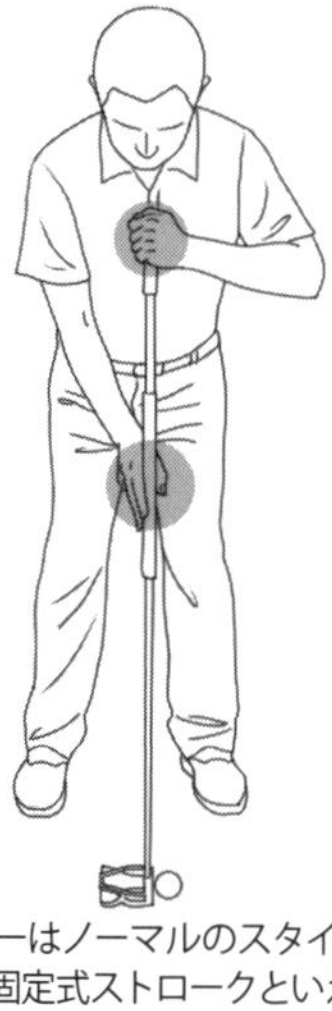

長尺パターはノーマルのスタイルと同じ２点固定式ストロークといえる。重いのでゆっくり大きく振るのがコツ。

ボールはディスタンス系でないものを使おう

私がアメリカに留学しているとき、つくづく感じたのはアメリカのコースと日本のコースのグリーンがこんなにも異質なものか、ということでした。最近では日本でもベント芝のグリーンが主流になりましたが、当時はまだコウライ芝のグリーンが結構多かったものです。

アメリカのコースの場合、グリーンが速いだけでなく、面積は広いし、ポテトチップスのように大きくうねっています。日本のコース以上に、様々なラインに対応しなくてはならないわけです。そのため、アメリカのプレーヤーたちは、イメージしたラインに乗せやすく、小さなストロークでもしっかり打てるL字型やピン型を好む傾向があります。自分のフィーリングを全面に出したいということは、ある意味、道具の機能に頼りすぎるのを避けたいというアメリカ人の思考や主張が伺えます。

日本の場合は、ベント芝のグリーンでもアメリカのコースに比べれば、重く感じられます。トーナメントコースでは速いグリーンに仕上げていますが、アマチュアゴルファーは重いグリーンでプレーする機会が、とても多いことと思います。タッチを強くするためにリストを利かせて打つ必要も出てきますが、そこで有利になるのがネオマレット型のようなフェースバランスのパターにシャフトが芯の上にささっている、いわゆるセンターシャフトのものです。実は、センターシャフトのネオマレット型はリストストロークとの相性もいいのです。フェースの開閉を使わないで、テークバックでコックを使い、コックをほどいてインパクト。カナヅチで釘を真横から叩くイメージです。日本のゴルファーは道具へのこだわりがアメリカ人以上に強く、パターの機能を最大限に活用したいと考える人が多くいます。そんなゴルファーには、ネオマレット型が間違いなく合っています。

同じブランドのボールを使うことが大切

そして、もうひとつ忘れてはならないのがボールです。プロたちはコンプレッションが軟らかめのスピン系のボールを使用します。一般のアマチュアゴルファーは、ドライバーの飛距離を伸ばしたいという考えから、コンプレッションが硬めのディスタンス系のボールを使う人がほとんどでしょう。

両者を打ち比べると打感が異なり、アプローチショットではキャリーやスピンの違いがもっとも顕著に表われます。パットの感覚もかなりの差があり、私の見解としては、ディスタンス系のボールは球離れが早すぎるイメージで、タッチが合いにくいように感じます。いわゆる「ノーカン」のパットになりやすいのです。納得のいくパットを打ちたいのなら、プロのようにスピン系のボールを使うことをお勧めします。打感がソフトですから、それだけでタッチが合いやすく、ラインに乗りやすくなります。実際、私がボールを替えてみたらと勧めただけで、パットが急激に上達した人が何人もいます。

スタート前の練習グリーンで3個のボールを使って練習するとき、3個とも違うブランドのボールを平気で打っている人もよく見ます。これでは同じストロークを実行しても、結果が伴いません。ボールの硬さや打感がみんな違っては、距離感やタッチがバラバラになってしまうのは当然です。これではパットシングルを、自ら放棄しているようなものです。必ず同じブランドのボールを使用しましょう。

パットシングルには、パターやボールなどの道具に無関心な人は誰もいない。そう断言してもいいほどです。パターの機能に頼りすぎないとしても、その特性を十分に理解しておくこと。そして、ボールも自分がタッチを出しやすいものをしっかり選ぶこと。パットの上達には、その心がけが欠かせません。

第5章
パットシングルになれる自宅練習法

100連続カップイン練習でプレッシャーを楽しむ

自宅のパット練習では、パターマットを利用するのが手っ取り早いでしょう。長さは最大で2～3メートル、完全に真っ平らなものや、カップの手前に段差があるものなど様々ですが、自宅に置いておけば好きなだけ練習ができますから、パットシングルを目指すゴルファーの必需品です。

カップを狙ってボールを真っ直ぐ転がす練習を毎日繰り返すだけでも、パットの上達に直結します。ただし、単調にボールを打つだけでは飽きますから、自分なりに工夫を凝らして練習に取り組むと、いっそう効果が高まります。

パットに自信を持てなかった頃の私が励んだのは、100連続カップインの練習でした。最初は1メートルからスタートです。1球ずつアドレスを丁寧につくり、慎重にストロークします。途中ではずしたら、また1球目からやり直します。70～80球目くらいまでは順調にきても、以降は次第にプレッシャーがかかってきます。続けて打っているうちに、集中力が途切れそうになることもあります。そこを耐えて、転がし続けるのです。

99球まできて最後の１球となると、プレッシャーは最高潮です。これをはずしたら、最初からやり直しですから、コースよりも緊張します。１００球目で滅茶苦茶ドキドキして、打ち切れずにはずしてしまったことも、この練習が徹夜に及んだことも何度もあります。

プレッシャーを楽しみながら練習できるのですから、実戦的な感覚が養えます。それだけでなく、自分が緊張したときにどんな動きをしてしまうのか、どのようなミスが生じるかを分析することも可能です。私の場合は右手の小指に力が入り、それが原因でストローク軌道がブレていました。体の動きでストロークすれば、いつもと変わらない軌道で打てるはずなのです。

結局、１００球目のように、「はずしたくない」と思った時点で、自分が信用できなくなるわけです。構えた瞬間に、あらゆる疑念が沸き、自分のリズムを見失います。最後の１球も１００球のうちの１球にすぎない。やることは同じ。そう思い込んで、自分を信じてストロークするトレーニングを積んでおくと、ラウンドで緊張する場面でもしっかり決められるようになります。

最初は50球連続カップインから始めてみましょう。１メートルを続けて入れられるようになったら、２メートルの連続カップインにもトライしてみてください。

ラインを変えて打つ練習で実戦感覚をつかむ

パターマットを利用した練習法としては、ラインやタッチを変えて打つという方法もあります。これは100球連続カップインと異なり、カップに入れることよりも、「感じを出す」のが目的です。

ストレートなラインでも、ジャストタッチでカップの手前から入れたり、強めのタッチでカップの向こう縁に当てて入れたりしてみましょう。カップの真ん中を狙うだけでなく、カップの右半分や左半分を狙ってみるとか、ジャストタッチでカップの右縁や左縁から入れるなど、自分なりに目的を持ってストロークすると、密度の濃い練習となります。

ときには、ボールを置く位置も変えてみましょう。カップの手前から上りの段差があるパターマットなら、斜めの位置からカップを狙うと、フックラインやスライスラインのイメージ練習にもなります。私は、パターマットの下にタオルを敷き、傾斜をつくって転がす練習もよくやりました。傾斜にあまり左右されないように強めのタッチでカップに入れる、傾斜に乗せてカップに入れるなど、この場合もタッチを色々と変えて打つのです。

ドライバーやアイアンなどのショットやアプローチショットに比べると、パットの場合は振り幅が小さく、動きも単調です。パットがスコアメークの上でもっとも重要であることは頭で理解しても、練習ですぐに飽きてしまっては長続きしません。飽きない練習、つねに集中してストロークできるような練習が、パットの上達を約束します。

前項で紹介した50球、あるいは100球連続カップインの練習にしても、1日1回をノルマにして、何球まで続けて入れることができたかを毎日記録しておくと、練習の意欲も熱意も高まるでしょう。

ときにはボールを置く位置を変えて、
カップを斜めのラインから狙ってみよう。

両手の握りを変えるなどして自分のスタイルをつくる

パターマットで練習をするときは、自分のストロークのスタイルをつくり上げることも重要なポイントです。ボールを左目の真下に置くと決めたなら、つねにボールの位置が一定になるように細心の注意を払いましょう。普段よりもスタンスが広くなったり狭くなったり、あるいはボールの近くに立ちすぎたり遠く立ったりしてもいけません。

また、ストローク中にグリッププレッシャー（両手の圧力）が変わらないように気を配ることも大切です。パターマットの場合、転がす距離は長くても2メートルですから、ボールを打つときに力が急に入ることは少なくても、「入れよう」と思ったときに、両手の圧力が案外変わりやすいものです。

両手の力加減をキープする感じを把握したいときや、自分のリズムをチェックしたいときなどは、53ページで紹介したような両手のひらを広げてパターのグリップを挟んで持ち、ストロークする練習がとても有効です。

どうしても両手に力が入ってしまうという人は、両手の薬指をグリップから離してみてください。両手全体に余分な力が入らず、リストを固定しやすいことが実感できるはずです。ショットの場合は薬指をグリップにしっかり巻きつける感覚が必要ですが、パットは力がいらないので、逆に薬指に力が入りにくいように握るのが理想的です。

クロスハンドグリップは合理的な握り方

グリップがどうもしっくりこないようなら、両手の握りを変えて打ってみるのもよいでしょう。私の場合、以前はツーオーバーラッピンググリップだったのを、逆オーバーラッピンググリップに変えて現在に至っていますが、その過程で様々な握り方をテストしてみました。

逆オーバーラッピンググリップは、左手の人差し指を右手に重ねるのがノーマルな握り方ですが、右手に乗せた左手の人差し指を伸ばすとか、右手の人差し指だけを伸ばして握るスタイルもあります。

人差し指を伸ばすと、感覚的にもストレートに振りやすくなります。ネオマレット型やマレット型のパターを使い、真っ直ぐに振りたいというゴルファーに適した握り方といえるでしょう。

左手と右手を逆に持つクロスハンドグリップも試してみました。この握り方を採用しているプロやトップアマが結構多くいます。右手を下にして握るのがベーシックですが、ショット感覚で構えると右肩が下がったアドレスになりがちです。その点、クロスハンドグリップに握ると肩のラインを水平にキープしやすく、ストロークの軌道が整いやすい効果があります。リストも固定しやすいので、フェース面の狂いも少なくなります。とくに、フォロースルーでフェースを真っ直ぐ出せるという点では、実に合理的です。

フェースターンが使えないので、L字型やピン型を使っているゴルファーにはあまりお勧めできません。パットはショットとは別物と考える人に適した握り方です。パターを直線的に振るのですから、ネオマレット型やマレット型との相性がいいのですが、クロスハンドグリップがもっともマッチするのは、実はTバー型です。

ネオマレット型などはグリーンが重いケースでは、リストストロークで対応しやすい利点もありますが、クロスハンドグリップはリストを徹底的に固定してストレートに振るための握り方なので、Tバー型のパターは適性が高いのです。

ときには両手の握り方や、アドレスの姿勢を調整してみて、自分が実行したいストロークのスタイルを構築してください。

様々なグリップを試してみる

人差し指を伸ばした握り方もテストしてみよう。
ストレートに振りやすいのが利点だ。

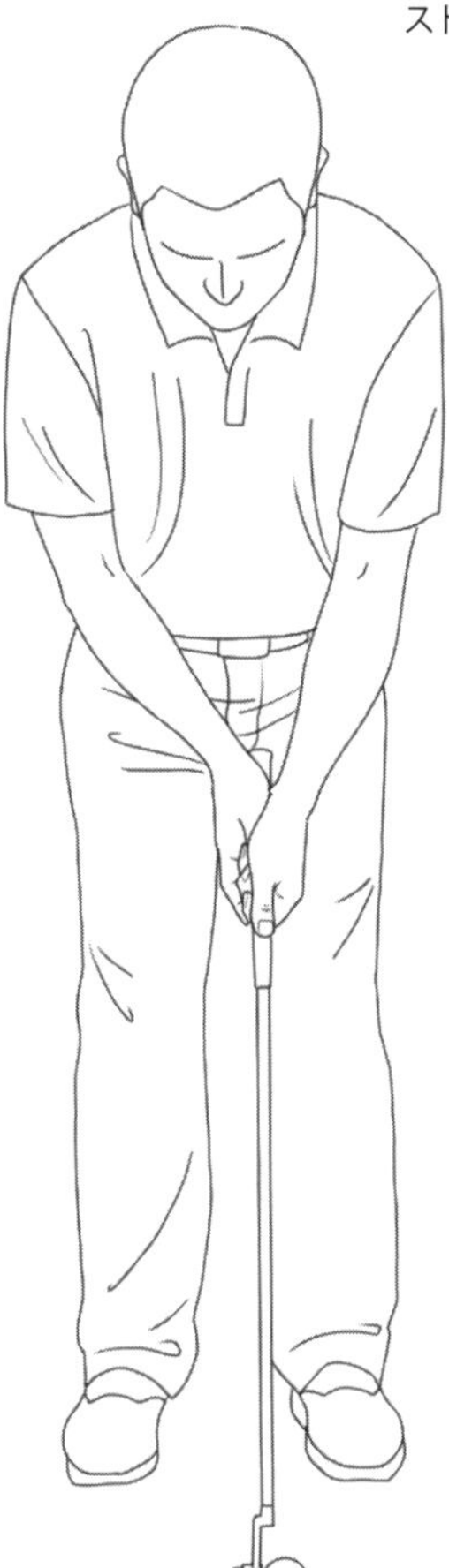

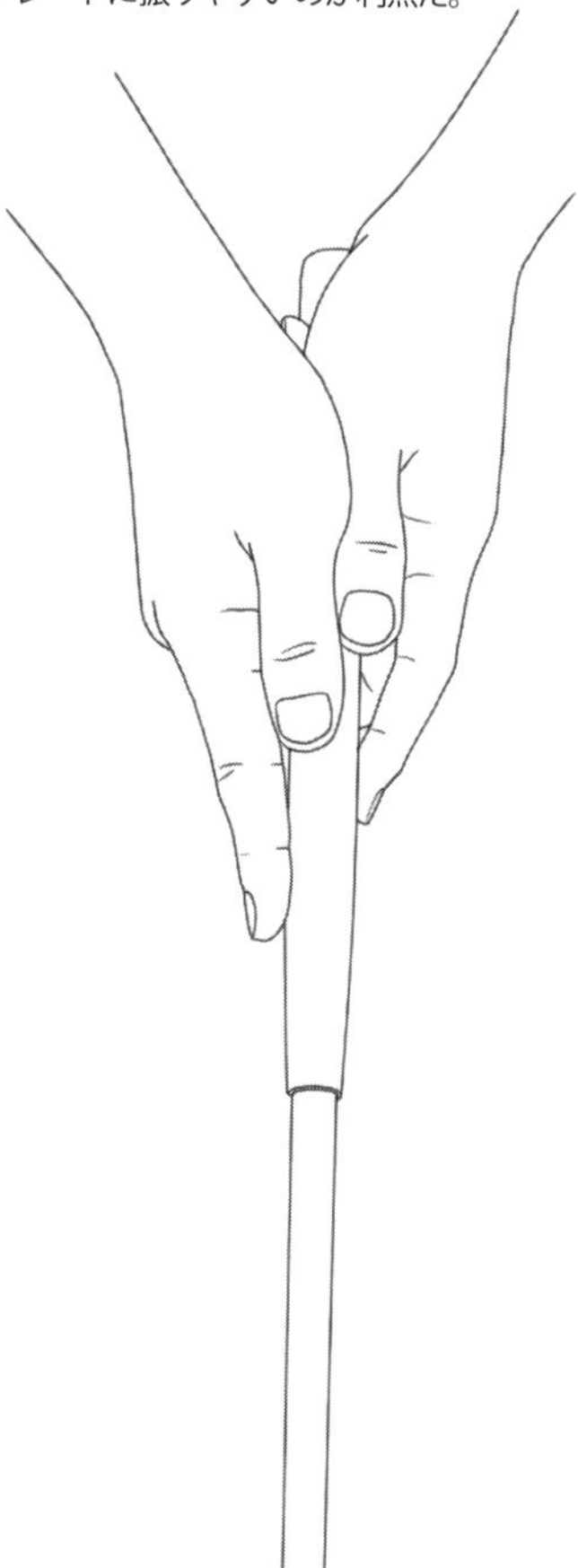

左手を下にして握るクロスハンドグリップは、
ストレートに振りたいゴルファーに適している。

畳の境目で練習し、真っ直ぐ転がす感覚をつかむ

家の中で、パターマットを使ってボールを打つ練習は、短いパットでタッチを出す感じは把握できても、距離感をつかむ練習としての効果があまりありません。

5メートルや10メートルを転がす感覚というよりは、「ここまで届かせる感じ」とか「あの場所の寸前で止める感じ」という具合に、タッチを合わせることを第一に考えましょう。

パターマットがなければ、部屋の絨毯や畳の上でもパットの練習はできます。フローリングなどの床の上ではボールが転がりすぎるので、グリーンの芝に近い感触で転がせる場所を選びましょう。

広めの部屋であれば、3～5メートル先に紙コップなどを置き、そこに軽く当てる練習をするとタッチを磨くことができます。あるいはカベに向かってボールを打ち、カップのすぐ手前で止める寸止めの練習も効果的です。

ボールが真っ直ぐ転がっていく感覚がわからないという人は、畳の継ぎ目で練習するとよいでしょう。畳の継ぎ目の上にボールを置き、体が継ぎ目と平行になるようにアドレス

をつくります。あとは、いつものようにストロークするだけ。継ぎ目の窪みがレーンの役目を果たしますから、ボールは必ず真っ直ぐ転がります。

ボールを狙った方向に正しく打ち出せているかどうかを、つねにチェックすることが大事ですが、それには真っ直ぐ転がっていく感覚をマスターしておくことが絶対条件です。真っ直ぐ転がったと思ったボールが、少し左に引っかけていたり、右に押し出したりしていることがよくあります。こうした自分の感覚の誤差をなくすためにも、畳の継ぎ目で真っ直ぐ転がっていくボールの残像をしっかり目に焼きつけておきましょう。

ストローク中に頭が動きやすい人は、頭をカベにつけてアドレスし、パターを振る練習が効果的です。頭が固定されれば、両目の位置が変わらず、ストローク軌道が安定することがよくわかります。

肩甲骨のスライドを使って、ストレート軌道で振りたいという人なら、パターヘッドのトウを壁に軽くつけて構え、トウでカベを軽くこするようにストロークすれば、直線的に動かす感じがつかめます。

あなたのアイデア次第で、自宅のスペースが恰好のパット練習場に早変わり。自分だけのオリジナル練習法を開拓してください。

パターヘッドを真横にして振り、軌道のブレをなくす

ストロークの軌道がブレていて、ボールの転がりが安定しない。そんな症状を自覚している人は、パターのヘッドを真横にセットし、トウが目標を向くように構えて素振りを繰り返す練習が効果的です。トウの部分でボールを実際に打っても構いませんが、この練習法はパターのヘッド形状が、ピン型とL字型に限定されます。

軌道がブレている人は、手打ちになっていることが考えられます。手首を固定し、みぞおちの回転を使って、連続素振りをしましょう。パターヘッドを横にセットしておくことで、正しい軌道が目に見えてきます。この練習で振ったときの残像を、実際のストロークのイメージとして役立てると、パットのミスが激減します。

パターヘッドを真横にセットして打つ練習は、逆目のラフにボールが沈んでいる状況からの脱出を想定した練習にもなります。グリーン周りの深い逆目のラフの場合、ボールがすっぽり沈んでいると、サンドウェッジで打とうとしても、ヘッドがボールの下まで入っていきません。仮にヘッドをうまくボールに当てることができたとしても、フォロースル

ーが満足にとれず、ザックリしてしまう危険性大です。

その点、ピン型やL字型のヘッドを真横にしておけば、深いラフに沈んだボールにトウを当てて脱出させることが可能です。パターヘッドが芝に食われる心配がなく、インパクトの抵抗も軽減されます。イザというときの策として、ぜひ役立ててください。

その他、パターマットを使う練習で試して欲しいのが、左打ちのストロークです。これも通常とは逆方向にもボールを転がせるヘッド形状に限られますが、ラインの見え方が違っていても真っ直ぐ転がせるようになることで、パットの感覚の幅が広がります。

パターヘッドを真横にセットして連続素振りすると、正しいストロークの軌道のイメージが明確に浮かんでくる。

フォロースルーでボールを押す感覚をマスター

インパクトでパンチが入りやすく、フェースの向きが変わってしまう。フォロースルーがスムーズに出ていかない。そんな悩みを持つ人は、次のような練習に取り組んでみてください。まず、通常のアドレスをつくります。そして、テークバックをとらずに、最初からフォロースルーの方向にパターヘッドを出して、ボールを転がしましょう。

この練習のポイントは腹筋や背筋を使い、フェース面でボールを真っ直ぐ押すイメージでフォロースルーを出すことです。実際にやってみると納得できますが、手だけで押そうとするとボールは真っ直ぐ転がりません。

アドレスの位置から、みぞおちを左方向に回転させる感覚です。したがって、最初の押し始めはパターヘッドをストレートに動かしますが、みぞおちの回転にしたがって、パターヘッドは軽くインサイド方向に向かっていきます。これが球をつかまえるイメージであり、緩みのないフォロースルーが体感できます。腹筋や背筋で押す感覚をマスターすれば、実際のストロークでもフォロースルーがスムーズになります。フェースの向きが変わらず、ボールが真っ直ぐ転がっていきます。

肩甲骨のスライドを使ってパターをストレートに振るタイプは、フォロースルーでフェースが閉じる動きが一切ないため、パターヘッドをどこまでも真っ直ぐに出す感覚となります。しかし、この場合はテークバックで上げたパターヘッドを下ろすだけで、勝手にストレートに動いてしまう機械的な動きであり、そこにはボールを押す感覚はほとんどないのです。

フォロースルーでボールを押す練習は、振り幅は小さめでもフェースの開閉を使うことで球をしっかりつかまえて、転がりが伸びるストロークをしたいゴルファーに適しているといえます。

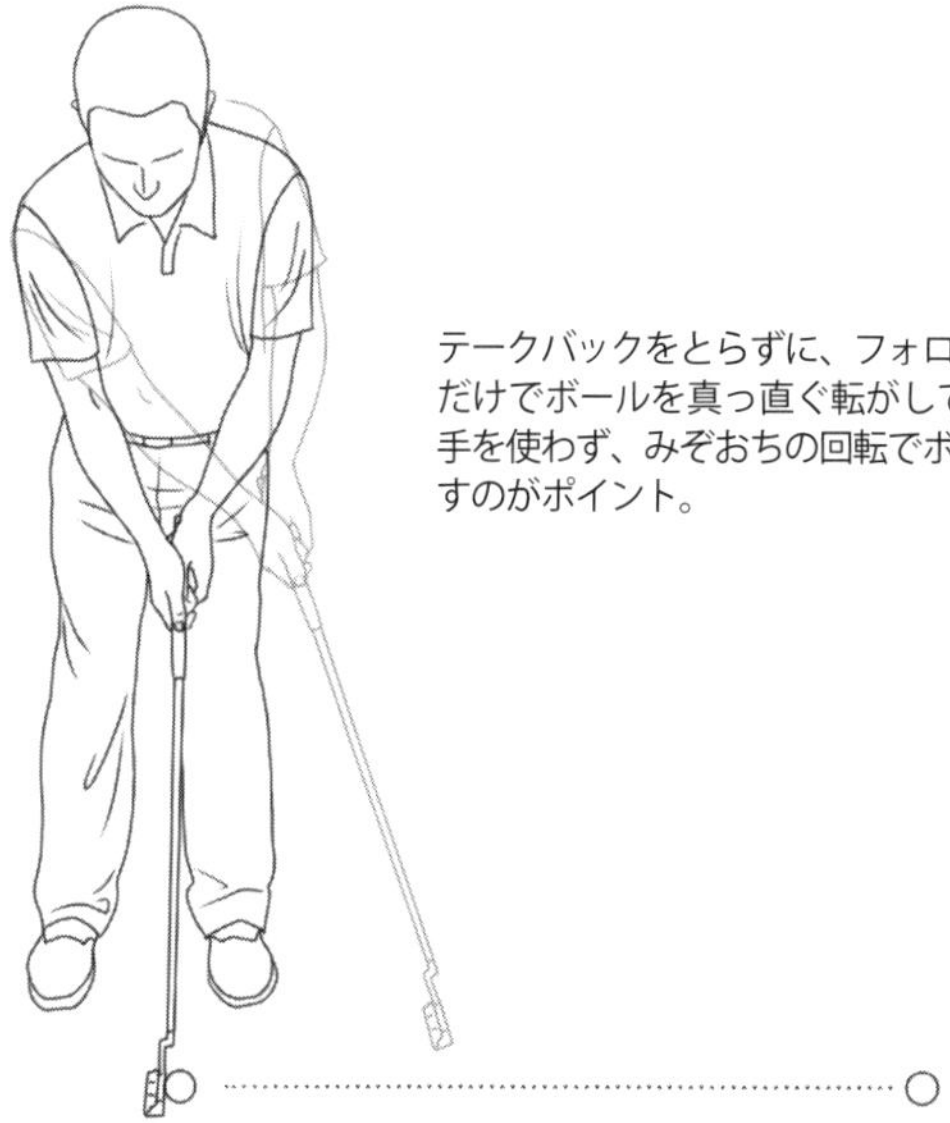

テークバックをとらずに、フォロースルーだけでボールを真っ直ぐ転がしてみよう。手を使わず、みぞおちの回転でボールを押すのがポイント。

サンドウェッジのフェースの刃で打って転がす

フェースの芯に当たらず、インパクトの打感がよくない。そのために方向性が狂いやすく、距離感もなかなか合わない。そんな傾向がある人は、パターの代わりにサンドウェッジでボールを打ち、転がしてみましょう。

この練習では、リーディングエッジと呼ばれるフェースの刃の部分を、ボールのちょうど赤道のところに当てるのがポイントです。まず、パターと同じ長さで振るために、サンドウェッジを短く持ちます。そして、パターを持つときと同じように両手を握り、フェースの刃をボールの赤道と同じ高さまで浮かせて構えます。ストローク中はアドレス時の両腕の長さが変わらないように注意し、リストをしっかり固定してボールを打ちます。

クラブヘッドが上から入りすぎるとボールの赤道の下に当たり、ボールがポコッと上がってしまいます。手首をこねて、下からしゃくり上げるような打ち方になると赤道よりも上に当たり、ボールの転がりが不安定になります。ボールの位置やアドレスの体の向きに間違いがないかどうかをチェックした上で、リーディングエッジを正確に当てる練習を反復してください。ストロークの大きさとしては、5〜6メートルを転がすくらいのやや小さめの振り幅で結構です。

フェースの芯に当たらないのは、ボールの芯もはずしている証拠。ストローク軌道の最下点を通過した直後でインパクトを迎える理想的なストロークを実践してこそ、フェースの芯とボールの芯をコンタクトできるのです。実際のストロークは緩やかなアッパーブローの軌道ですが、サンドウェッジの刃で当てる練習では限りなくストレートに近い軌道、つまり地面に対して平行の水平軌道で、ボールをレベルに打つようにします。リストを固定する感覚が強調されて、インパクトの正確性が向上します。この感覚をマスターすれば、もうパターの芯をはずすことはありません。

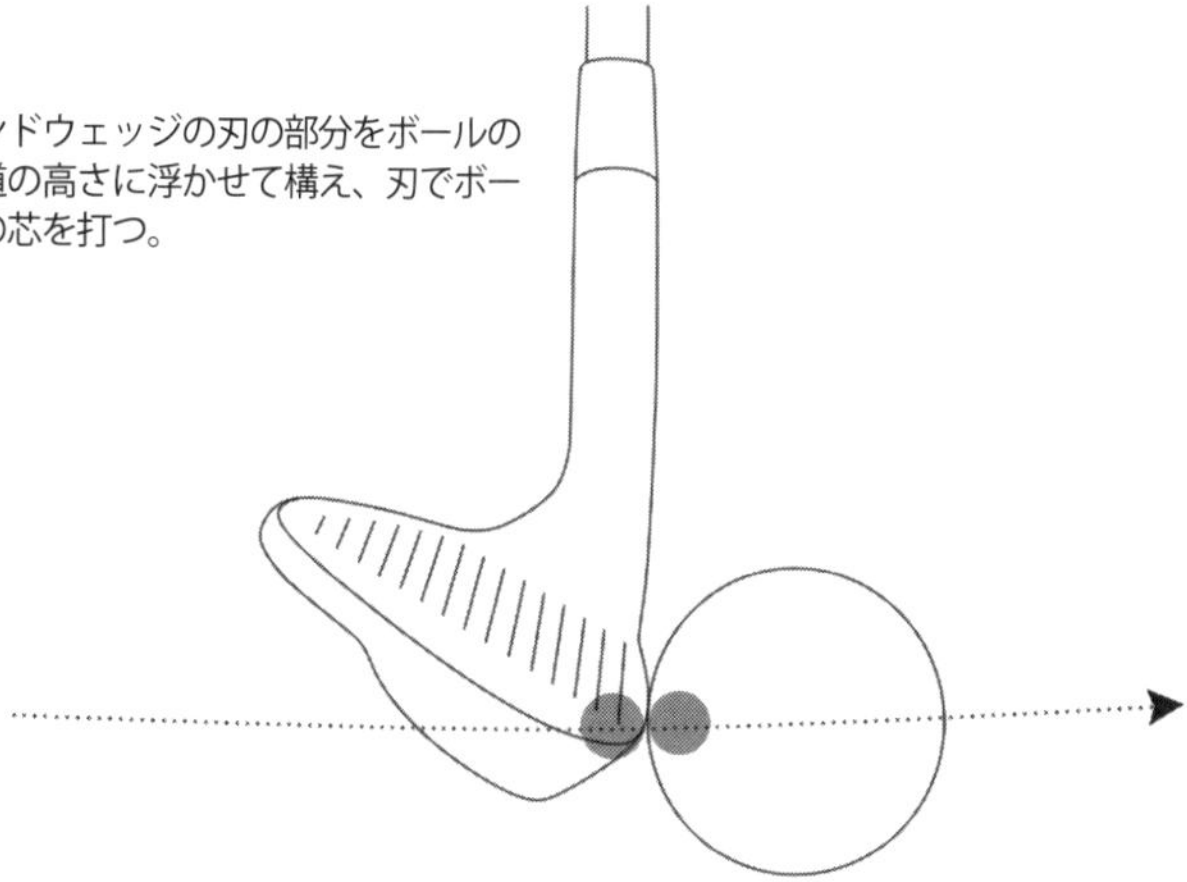

サンドウェッジの刃の部分をボールの赤道の高さに浮かせて構え、刃でボールの芯を打つ。

ボールを打った後、ショットのフィニッシュをとってみる

インパクトでパンチが入ると、フォロースルーの途中でパターヘッドが止まってしまいます。両手の握り加減が変わり、フィニッシュが決まらなくなります。「イチ」でテークバックし、「ニ」でダウンスイングした惰力でパターヘッドが自然に静止するフィニッシュの位置まで向かいますが、そこにたどり着く前にストロークが静止してしまうわけです。そんなストロークが癖になっては、色々なラインや距離に対してタッチがなかなか合わず、パットシングル入りは実現しません。

そこで、インパクトしたらショットのフィニッシュをとってみましょう。普段よりもテークバックとダウンスイングのスピードをゆっくりさせてボールを打ち、そのままパターヘッドをゆっくりと振り続けます。フィニッシュではドライバーやアイアンのショット同様、体のターンを使い、右足のカカトを浮かせて、体重を左足にしっかり乗せるフォームをつくるのです。

インパクトでパンチが入る人は、このフィニッシュがとれません。逆にいえば、ショッ

トと同じフィニッシュをとろうと思えば、ストロークのリズムが自然にゆっくりして、両手の力感もキープできるのです。

この練習は、下りのラインでタッチを出す感覚のマスターにとくに役立ちます。下りのパットはテークバックが小さくなりすぎたり、ボールを早く打ちにいったりしてタッチがなかなか合いにくいものです。テークバックの大きさを倍にして、ゆっくりとストロークし、ボールを打ったら、そのままフィニッシュ。そんなイメージでストロークできるようになれば下りだけでなく、あらゆるラインへの対応力に磨きがかかります。

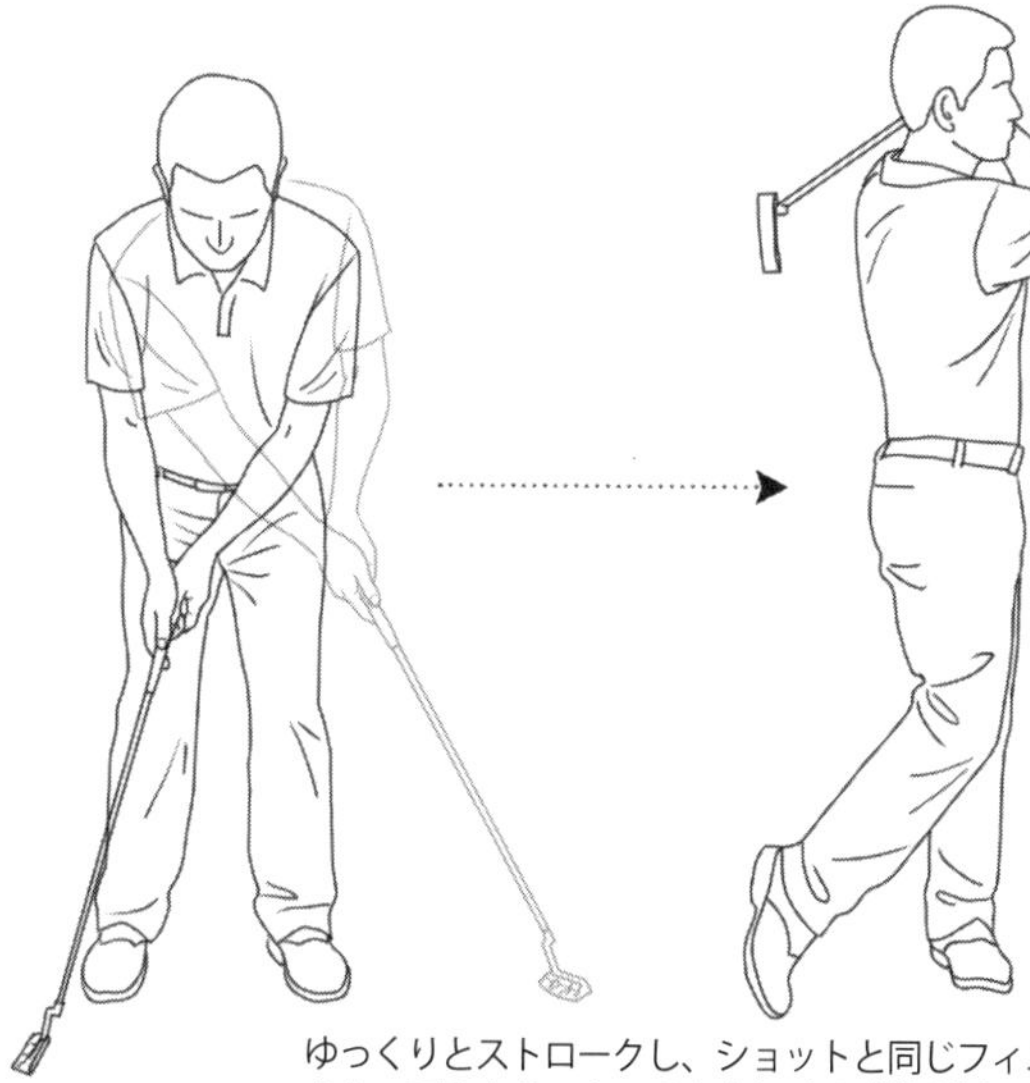

ゆっくりとストロークし、ショットと同じフィニッシュをとってみよう。タッチを合わせる感覚が養われる。

ドライバーでボールを転がしてみよう

ドライバーは14本のクラブの中でもっともシャフトが長く、ヘッドを一番利かせやすいクラブです。ロフト角も9〜12度とパターに近く、フェースがほぼ立っているので、ボールを転がすことも可能です。長いシャフトを利かせて、インパクトでボールを弾かせる感じで勢いよく転がせます。

とはいえ、この練習の目的はスムーズな転がりをマスターすることではありません。ストロークの支点を安定させるのが狙いです。

みぞおちの回転を使うタイプは、胸椎《きょうつい》が支点となります。肩と両腕、両手、パターを同調させて、みぞおちを動かしてストロークします。支点が一定しているから、時計の振り子のようにパターヘッドがリズムよく、一定の軌道とスピードで動くのです。ところが、ストロークの支点とパターヘッドの中間にある両手が大きく動きすぎては、パターヘッドの動きが波打ってしまいます。このようにストロークの支点が不安定になりやすい人に、ドライバーを使ったパット練習が有効です。

この場合、中尺パターの要領で、グリップエンドをお腹に軽く当ててアドレスします。そして、手先はいっさい使わず、みぞおちだけを動かしてストロークします。手元を固定しておくことで支点が安定し、パターヘッドの軌道のブレが解消されます。ボールを正確にヒットできれば、インパクトの打感の心地よさが両手にすぐに伝わります。ジャストヒットとミスヒットの違いが、パター以上に理解できるのです。

パターを持ったときも、ドライバーを手にしているイメージで、安定した支点とインパクトの打感を想像してストロークすると、カップインの確率が飛躍的にアップします。

ドライバーのグリップエンドをお腹に当てて練習しよう。ストロークの支点が安定し、パットの上達がスピードアップする。

パターの片手打ち練習で手打ちのクセを解消

ストローク中に手首をこねて、フェースの向きが変わってしまう。短いパットではとくに体を使うことを忘れて、手先でちょこんと打ってしまう。このように手打ちが直らないという人は、パターを片手で持って練習しましょう。右手でストローク、あるいは左手でストローク。どちらでもいいのですが、両方やっておくといいと思います。片手ずつ交互にパターを持ち替えて練習するという方法も効果的といえます。

私はアメリカのカレッジに入学して2年目に、小学生時代に左肩から左ヒジまでの亀裂骨折していた部分のシビレを治すために、左ヒジの手術を受けました。半年後にようやく完治したと思ったら、不慮の事故で今度は右ヒジを骨折してしまいました。そのため、都合1年間は不自由な思いをしました。1年間もゴルフができないなんて、何と不運なヤツと思うかもしれませんが、実は骨折期間中もゴルフをしていたのです。

左手が使えないうちは、右手だけでクラブを持ってスイングしていました。右手が不自由な間は、左手でクラブを持ってプレーしました。右手でクラブを持ち、手先でスイングすると、ボールにまともに当たりません。右手首の角度をしっかりキープし、体の回転を使ってスイングすればボールを正確にヒットできることを、自分の体で覚えたのです。左手でクラブを持つ場合も同じ。左手首を固定し、体の回転主体でスイングすることが重要なんだと実感させられました。

片手で打てば、体を使うことの重要性がわかる

パットにも、それが当てはまります。手首の角度が少しでも変わると、フェースの芯をはずしてしまいます。ストロークの軌道もブレて、ボールを狙った方向に打ち出せません。

右手のストロークでも、左手のストロークでも、手首の角度をキープし、みぞおちの回転でストロークすること。ロングパットもショートパットも、体の使い方は変わりません。ストロークの大きさで距離感をコントロールしますが、それはみぞおちの回転の大きさで調整することであり、手先の動きはいっさい働かせないことです。

その重要性を理解し、体をしっかり使って振れるようになったとき、あなたのパットは見違えるほどレベルアップしているはずです。

手打ちを直すためのパターの片手打ち練習

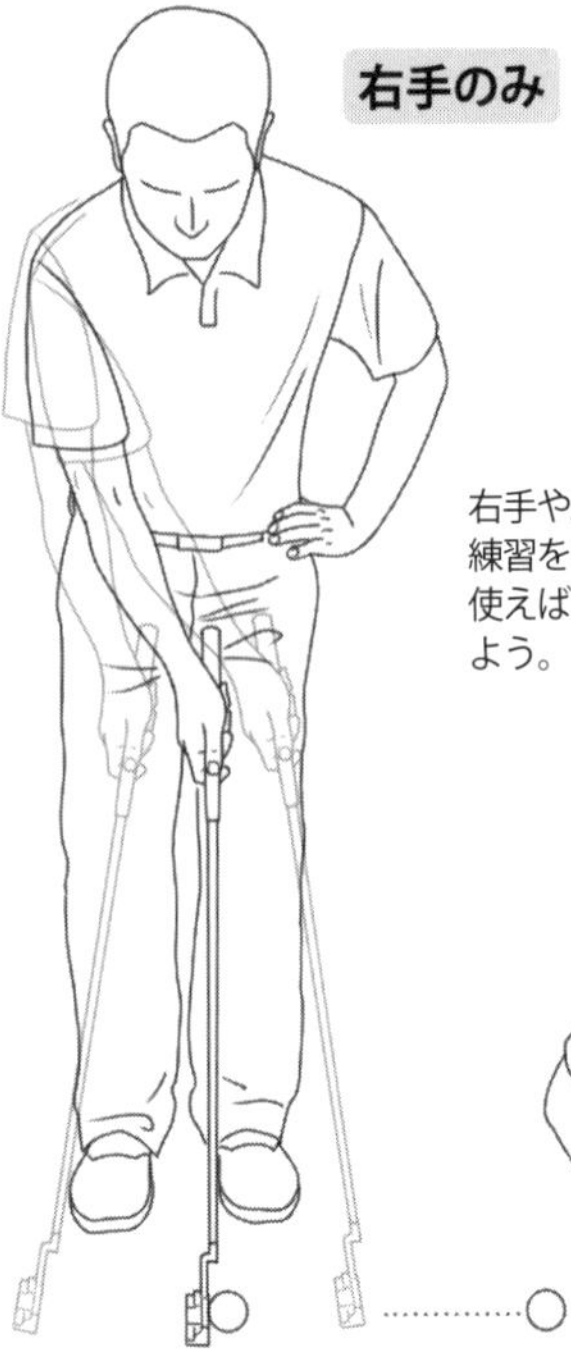

右手や左手だけでパターを持ち、ストロークの練習をする。手首を固定し、みぞおちの回転を使えば、ボールを正確に転がせることを理解しよう。

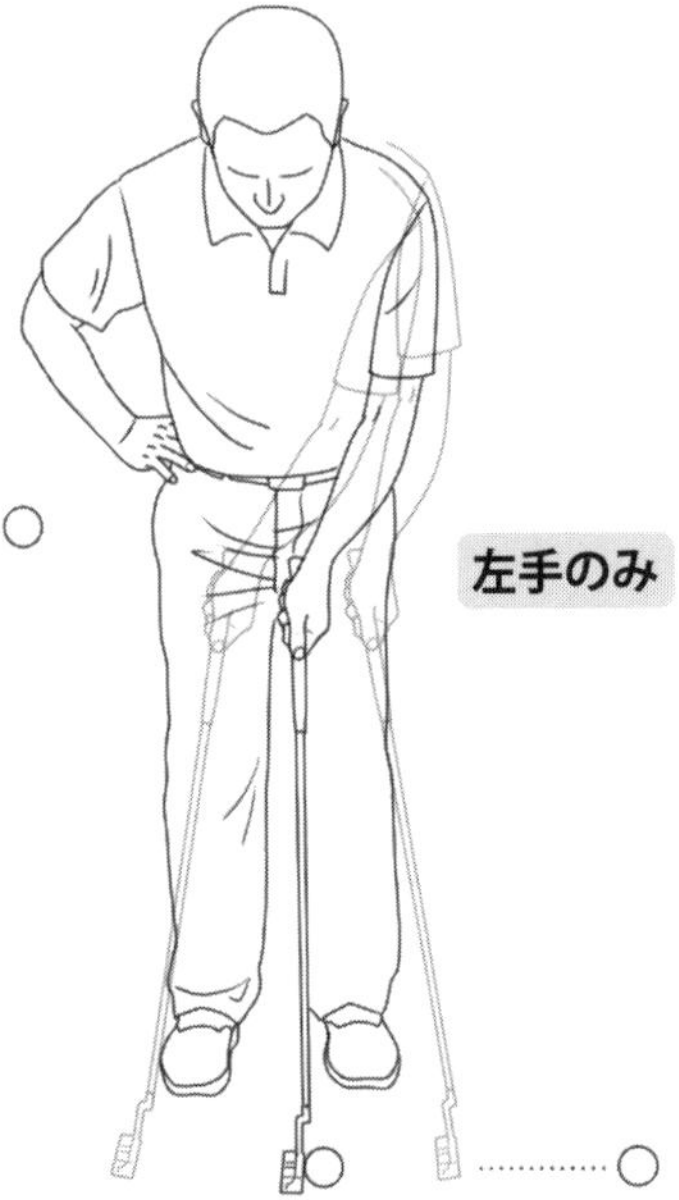

第6章
30パットを目指すグリーン攻略法

練習グリーンでは「2分の1分割法」で距離感をチェック

ワンラウンドで36パット以内が当面の目標ですが、パットシングル入りを早く達成するためにも、平均34パット以内、できたら30パットを目指す意気込みが欲しいものです。

しかし、どんなに熱意を持ってプレーしても、気合いが空回りばかりしてはいけません。目標をクリアするには、ラウンド前の準備がすべてを占めているのです。それが何であるかは、もうおわかりでしょう。そう、練習グリーンでのパットの練習です。

グリーンの芝は生き物です。プレーする日の気象条件や、芝の刈り具合などでボールが転がるスピードが変化します。自分なりの距離感の基準をつくっていても、グリーン次第でそれよりも転がることもあれば、転がりが鈍いこともあります。早い話、実際にボールを転がしてみないと、タッチや距離感がまったくつかめないのです。

スタート前のパット練習は、単純に距離感をチェックするというより、その日のグリーンの状態に合った、自分なりの距離感の目安をつかむところに目的があります。練習グリーンでグリーンの状態をテストせずにスタートしてしまうと、最初のホールからパットの距離感がまったく合わず、戸惑ってしまいます。準備を怠ったのですから、3パットの連続という最悪の結果を招くことにもなります。スコアアップのためにも、スタート前に必ずパットの練習をしておきましょう。

長い距離から打ち始め、短い距離で仕上げる

では、スタート前の練習グリーンでは、どんなことをすればいいのか。練習法は人それぞれですが、私が勧めたいのは「2分の1分割法」です。手順を具体的に説明しましょう。

・最初にグリーンの最長距離を打つ

練習グリーンにきたら、そのグリーンの最長距離を探します。グリーンの端から、反対側のグリーンの端を狙って、大きなストロークで転がしましょう。グリーンの端から端までを2～3回往復して、上りや下りのラインの転がりを見れば、「今日のグリーンは速いな」とか「ちょっと重いな」などと、グリーンの速さが感覚的につかめます。最長距離を打っておくことで、15～20メートルの超ロングパットの場面に出くわしても、慌てなくてすみます。

・最長距離の半分の距離を打つ

最長距離が20メートルとしたら、次は半分の10メートルを打ちます。1歩1ヤードとして歩測し、10歩の距離を打つ練習でも構いません。カップに入れるよりも、タッチを合わせて、できるだけカップの近くに止めることを考えましょう。この距離も上りと下りのラインを打っておきます。

・次に5メートルの4つのラインを練習

さらに、半分の5メートル。ここではスライス、フック、そしてストレートなラインを見つけて上りと下りのラインを転がします。曲がるラインは、ブレイクポイントを見つけて打つことを忘れずに。

・さらに半分の距離を打ち、短いパットで仕上げ

半分の2.5メートル、1.25メートルという具合に半分ずつ距離を縮めていきます。ここでも上りと下りのラインを打っておきましょう。

距離感の基準となる距離は10メートル、または10歩がいいでしょう。その日のグリーンの状態に合わせて、このくらいの振り幅ならちょうど10メートル付近で止まるな、という具合に自分なりのモノサシをつくっておくことです。

完全な2分の1分割法でなくても、最長距離が15メートルなら、次は10メートル、5メートル、3メートル、1メートルの順で練習してもいいし、状況が許せば、10メートルで4つのラインの練習をするのもいい方法です。

時間が少なくても、パットの練習だけはしておく

これだけの練習量が必要ですから、時間は20～30分は見積もっておきましょう。早めにコース入りしておくのは当然のことです。また、ほとんどの人は先にレンジに行き、次に練習グリーンに足を向けますが、できれば先にパットの練習をしてください。練習グリーン上を歩くことで体がほぐれて、ウォーミングアップの効果があります。レンジに行き、打球練習が終わって、まだ時間に余裕があればもう一度パットの練習を軽めにしましょう。

時間があまりない場合、パットの練習をせずに、レンジに行く人がいますが、大きな間違いです。レンジはウォーミングアップに過ぎないので、素振りだけでも十分。それよりもパットの練習をしておくことが重要です。パットの練習だけしてスタートしたときと、レンジでショット練習だけしてスタートした場合では、どちらがよいスコアで回れるか。試してみれば、結果は明白です。

2分の1分割法

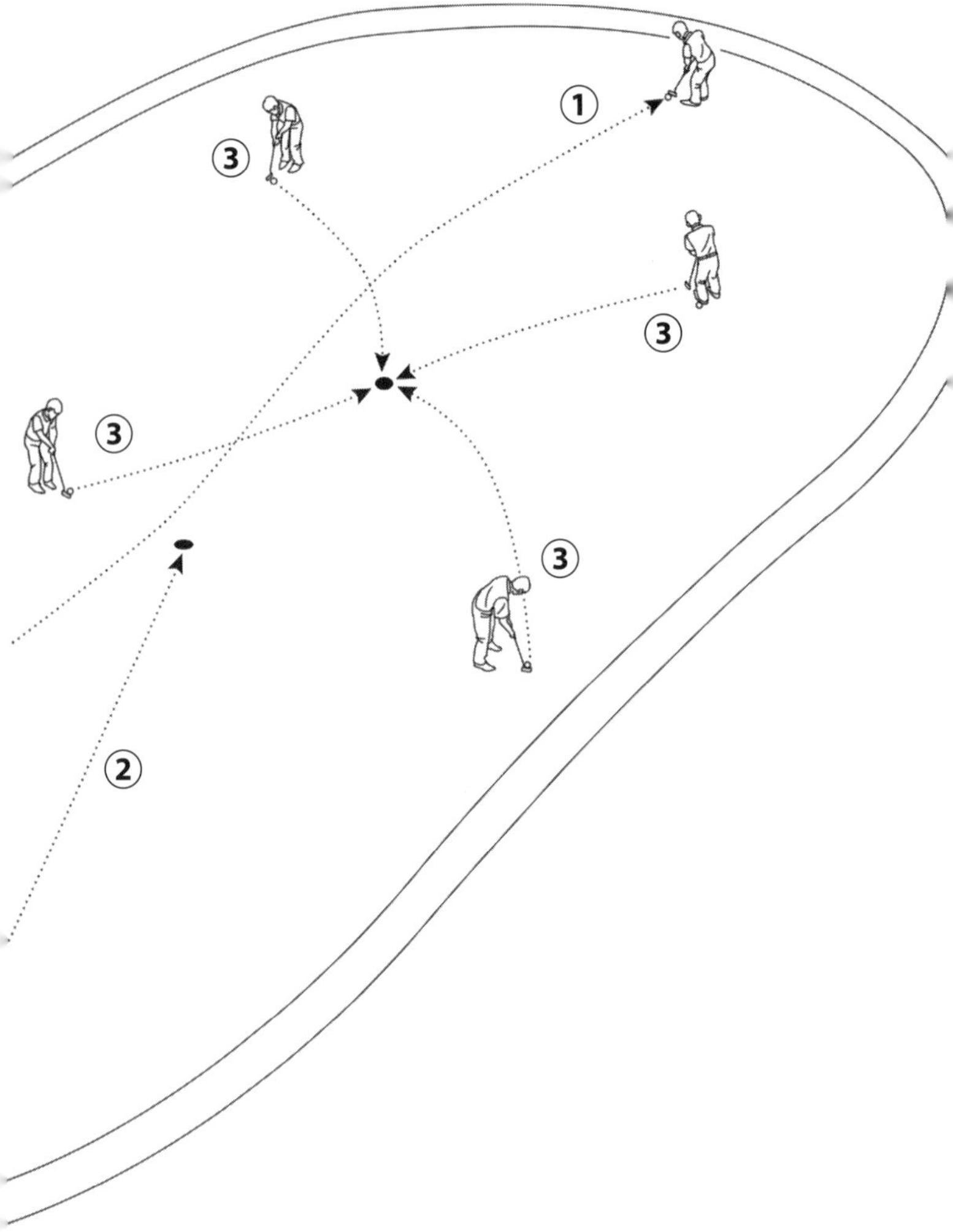

スタート前の練習グリーンでは、
①最長距離から転がす、
②最長の半分の距離を打つ、
③さらに半分の距離で４つのラインを練習、
④さらに半分の距離を打つ、
⑤短い距離で仕上げる、
という手順で練習すると、その日のグリーンの速さにマッチした距離感をつかみやすい。

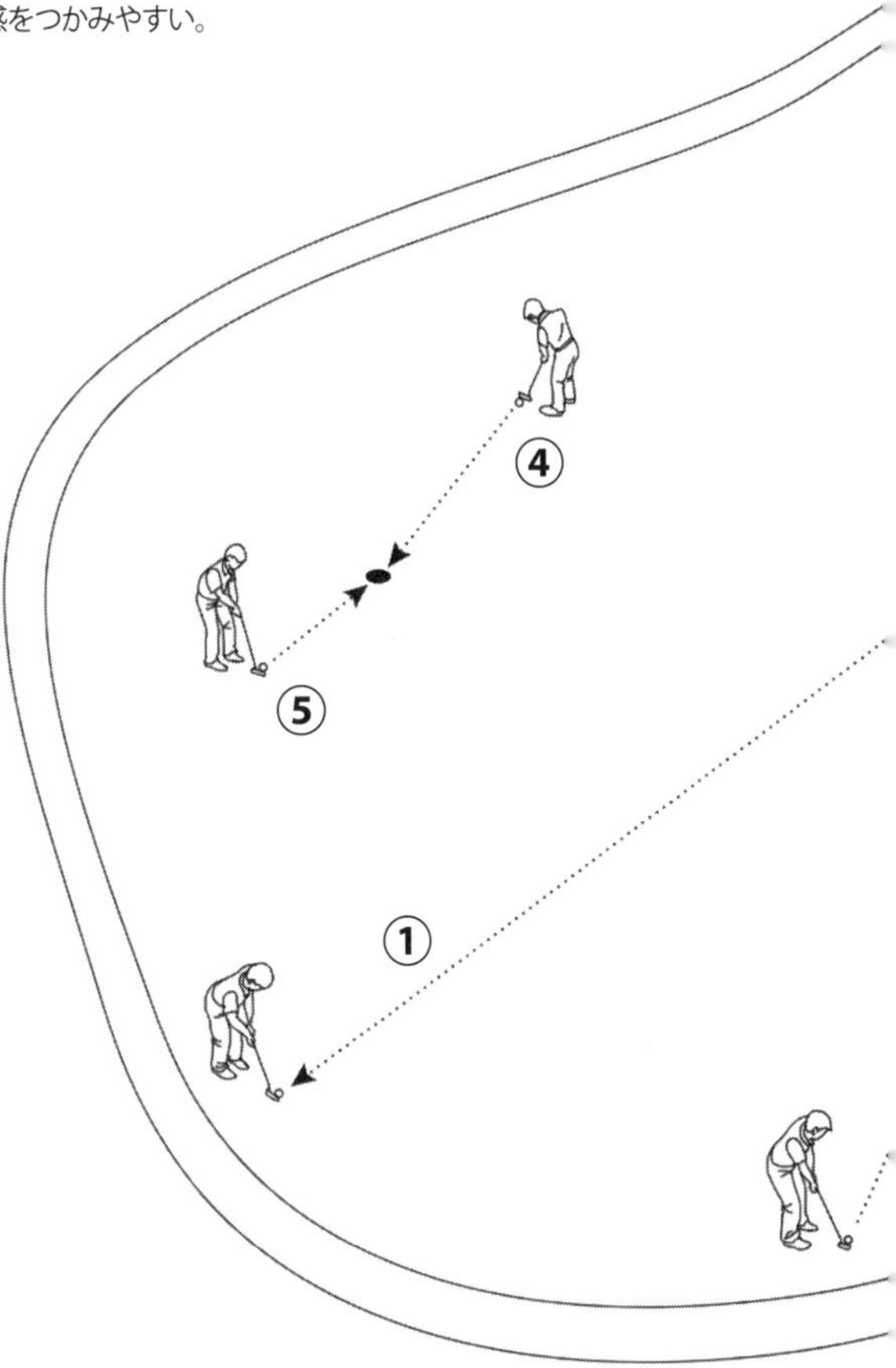

ボールは3個使うよりも、2個のほうが練習の効果が高まる

スタート前の練習グリーンでは、ボールを3個使用するゴルファーが多数派です。これは1ケース3個入りという理由だけで、とくに深い意味はないようです。

3個のボールを使うのも悪くはありませんが、できれば2個にしてはどうでしょうか。たとえば、10メートルの練習をするとします。1球目で3メートルオーバーしてしまった。2球目を弱めに打ったら、今度は3メートルショートしてしまった。そこで、3球目を1球目と2球目の中間の加減でストロークして、ようやくタッチが合った。ボールを3個使うゴルファーは、こんな練習の仕方に埋没しています。

何がいいたいのかというと、やり直しが多い練習法では緊張感に乏しく、実戦的な感覚も把握しにくいのです。コースに出たら、ショットもそうですが、パットも一発勝負です。ミスしても、やり直しは許されません。

だから、3球よりは2球のほうが、練習の効果が高まります。1球目でタッチが合わなかったら、もう1球でタッチを合わせることに全力を注ぎましょう。1発でストロークを

修正するくらいの気持ちで、練習に取り組んで欲しいのです。

練習グリーンの最長距離を打つときくらいは3個使っても構いませんが、10メートルや5メートルの距離を合わせる練習や、4つのラインを打つ練習などは2個に絞ることを勧めます。

また、使用するボールは同一ブランドが絶対条件です。打感がソフトなスピン系と、打感の硬いディスタンス系を一緒に使っては、距離感やタッチの感触がバラバラになり、パットミスを招く原因となります。

長い距離から短い距離を打ち、パットの練習を一通り終えたら、最後に1個だけ使って実戦を想定した練習をしておくと、より効果的です。この場合は、1球ごとに打つ場所や目標を変えます。

最初は12メートルくらい先のカップを狙ってストロークし、セカンドパットもラインをよく見てからアドレスし、カップインまでプレーを続けます。同じ要領で、7メートル、5メートル、15メートル、9メートルという具合に転がす距離やラインをランダムに変えて、5～6ホール分をプレーするのです。やり直しのない練習でラウンドをリハーサルし、実戦的な感覚を研ぎ澄ませておきましょう。

紙コースターでパターヘッドを隠してみよう

スタート前に時間の余裕があれば、こんな練習もしておきましょう。ラウンド後のパット練習としても有効です。

まず、コップの下に敷く紙コースターを用意し、紙コースターの中心に穴を開けます。そして、パターのシャフトを穴に通して、セロテープなどで貼りつけてください。こうしてアドレスすると、フェース面が遮断されてまったく見えません。あとは、素振りを繰り返すだけです。

ボールを狙った方向に打ち出すには、フェース面を正しくセットすることが重要ですが、フェースの向きに固執する余り、ストロークがスムーズにできなくなってしまうことがあります。自分の気づかないうちにフェースが開いているために、テークバックでインサイドに引きすぎてしまう。フェースがかぶっているのが原因で、アウトサイドに引いてしまう。真っ直ぐ転がそうとしてインパクトで減速したり、緩んだりする。体でストロークすることを忘れて、手先だけの動きでストロークしていると、パターを正しくリズムよく振れなくなるのです。

その点、紙コースターでフェース面を隠しておくと、フェースの向きを気にせずにストロークできます。フェースの向きに惑わされることがないから、体を使ってパターを真っ直ぐに、気持ちよく振る感覚がすぐにつかめます。

私の知人で、パットが上手いことで知られるトップアマがいますが、彼は「パットで一番大切にしているのは、自分のリズムで気持ちよく振ること。1~2メートルの短いパットなら、フェースの向きが多少狂っていても、気持ちよくストロークさえすれば大抵入ります」といいます。まさに名言ではないでしょうか。

紙コースターをシャフトに貼り付けて素振りやパットの練習をする。フェースが見えないため、自分のリズムでストロークしやすい。

打つ瞬間、「ポン」と声を出してみよう

パットのストロークのリズムは、2拍子がベースです。「イチ」でテークバックし、「ニ」でダウンスイングしてインパクトを迎えます。歩くときと同じリズムで、淀みのない動きでストロークすれば、ボールをタイミングよくヒットできるわけです。

自分のタイミングでボールを打てているかどうかをチェックするために、インパクトの瞬間に「ポン」といってみましょう。「イチ、ニ」のリズムを実行することが重要ですが、ストロークの動きばかりに気がいくと、自分のリズムやタイミングを見失ってしまうケースがよくあります。

テークバックでパターヘッドを真っ直ぐ引こうとか、フォロースルーでフェース面をスクエアにキープしようなどとばかり考えていては、ストローク中のスピードが変わりやすく、フェースの芯をはずしてしまう結果となります。

「ポン」と声を出してみるだけで、ストロークの無駄な意識が排除され、インパクトのタイミングを整える効果があります。自分のリズムをチェックする意味でも、つねに実践し

たい練習法のひとつです。

なお、ストロークのテンポは、ゴルファーそれぞれ個人差があります。「イチ、ニ」の2拍子が原則ですが、歩くのが速いセッカチ型は、ドライバーやアイアンなどのショットのスイングのスピードも速めが合っています。

ゆっくりと歩くノンビリ型なら、スイングスピードもゆっくりめが適しています。パットも同様で、セッカチ型は速めに、ノンビリ型はゆっくりめにストロークすると、タイミングが合いやすいといえます。

長い距離はストロークの振り幅が大きく、短いパットは振り幅が小さくなりますが、そこで注意したいのは、「イチ」で上げて「ニ」で下ろす時間が変わらないようにすることです。

ロングパットはゆっくりストロークしているのに、ショートパットで慌ててボールを打ちにいってしまう人をよく見かけますが、それは逆です。大きなストロークほどスピードが速くなり、小さいストロークは動きがゆっくりになるのが正解です。

短いパットで手打ちになってはリズムやテンポが速くなってしまいますから、体の回転だけでストロークすること。こうしたポイントに気を配れば、「ポン」と声を出すタイミングが一定してきます。

カップを見たままでストロークしてみよう

前項でリズムやテンポの話をしましたが、自分がどのくらいのストロークスピードがマッチしているかを知るには、メトロノームを活用するといいでしょう。ゴルフショップには、コンパクトサイズのものが販売されています。

ゆっくり型のゴルファーは60〜65ビートくらいのスピードが目安です。60ビートは時計の秒針とちょうど同じ速さです。時報の「ピッ、ピッ、ピッ、ポーン」と思い出すと、テンポを合わせやすいことと思います。一方、セッカチ型のゴルファーは、大体80ビート前後が基準となります。「そんなに速いの？」と驚くかもしれませんが、実際にストロークしてみると、時計の秒針よりもやや速いくらいが、もっともしっくり感じられることに気づくでしょう。

ラインの状況やタッチ合わせで、ストロークのスピードに意図的に変化をつけることもありますが、ロングパットのストロークのテンポが80ビートなら、ショートパットも80ビートのテンポで振るのが鉄則です。

2拍子のリズムと、自分なりのテンポを実践することで、距離感をコントロールしやすくなります。

また、距離感を身につけるためには、カップを見たままでストロークするのもよい練習方法です。アドレスする前にボールからカップまでのラインを目でなぞりながら素振りを繰り返すと、距離感のイメージが明確に浮かんできます。距離は10メートルとか、5メートルと変化をつけて練習します。そして、フェース面を打ち出したい方向に正しくセットし、アドレスが完成したら、もうボールは見ないで、カップのほうを見てパターを振りましょう。これだけで、距離感に応じたストロークが自然にできてしまうことがわかるはずです。

また、ボールを右手に持ち、カップに向かって軽くトスするように、ボールを下手投げで転がしてみてください。目で見た距離の感覚で体が反応するので、意外にカップの近くで止まるでしょう。この感覚を、もっともっと磨いて欲しいのです。

目で見た感覚と、ボールが実際に転がる距離の誤差を埋める練習を積んでおくと、ロングパットの距離感を合わせる力がつき、3パット防止に大きく役立ちます。パットシングル入りの大きなキッカケにもなることを、私が約束します。

ボールの一点を凝視してストロークしてみよう

アドレスではボールを見ていますが、ボールを取り巻く周囲の景色全体を、漫然と見てストロークする練習法もあります。顔は下に向けたままですが、ボールを見ているようで見ていない状態をつくるわけです。

これは、ストロークの軌道やフェースの向きのことは気にせず、パターをリズムよく、気持ちよく振る動きを体感するための練習です。軌道やフェースなどの細かい動きを考えすぎるのも、パットの上達の妨げになるケースも多々あります。ときには、本能のおもむくままに、無造作にストロークするファジーな感覚の練習にも取り組むことをお勧めします。これは、158ページで紹介した、紙コースターでパターヘッドを隠して振る練習法と、目的はよく似ています。あるいは、アドレスしたら目をつぶってボールを打つ練習もいいでしょう。

逆に集中力をマックスまで高めてストロークしたいなら、ボールの一点を見つめて打つ練習が効果的です。ボールを立体的に見るというよりは、ボールの真上の一点をボールの中心点と考えて、その一点を凝視するのです。

実際のストロークではフェースの芯とボールの芯がコンタクトした瞬間から、ボールが真っ直ぐ転がり出しますが、アドレス時から見続けているボールの一点に、フェースの芯を当てるイメージでストロークします。インパクト直後も、ボールの一点を残像として残しておくことで、ボールを正確にコンタクトできる確率が大幅にアップします。

一言でいえば、インパクトが厚くなり、転がりが伸びるようになるわけです。何となくインパクトの打感がよくない、パットの調子が今ひとつ、ボールが真っ直ぐ転がっているけど当たりが薄いというときなどに、この練習をすると理想的なストロークの感覚をすぐに取り戻せます。

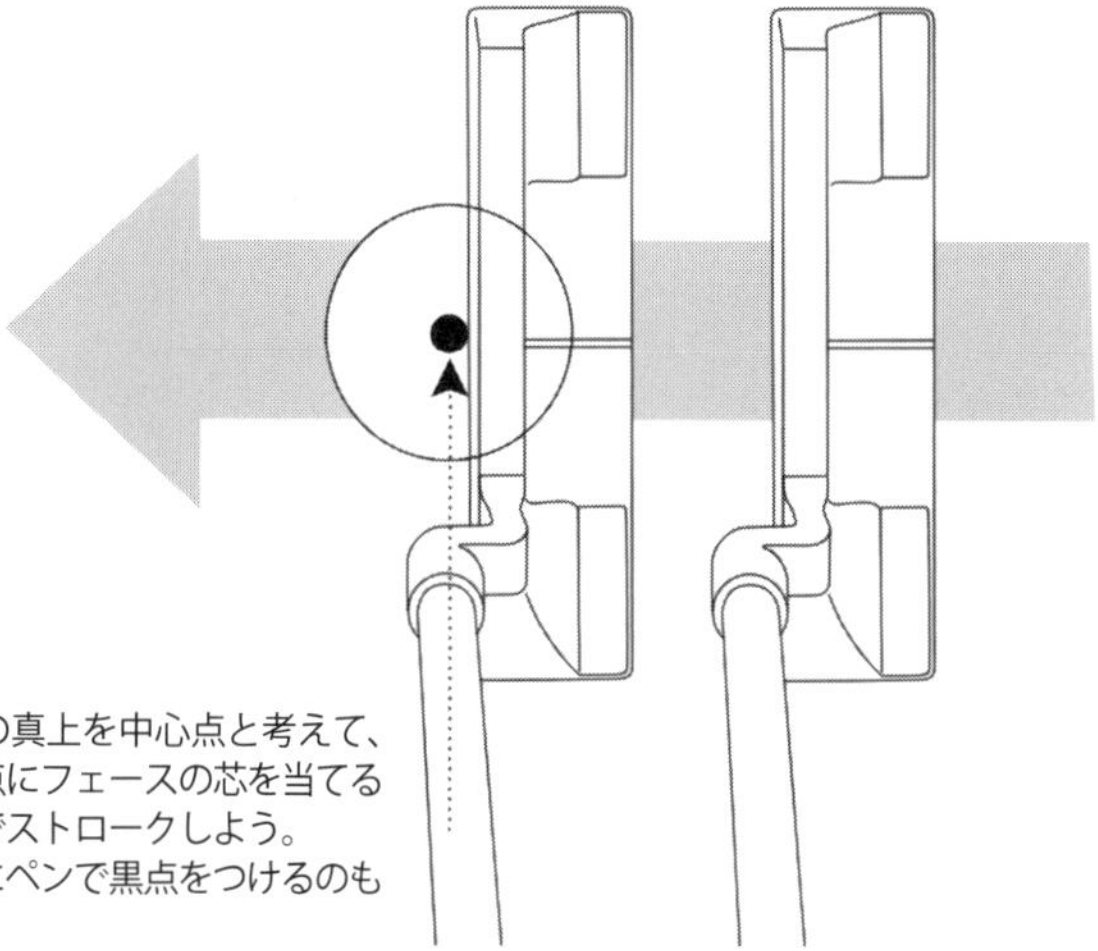

ボールの真上を中心点と考えて、
その一点にフェースの芯を当てる
気持ちでストロークしよう。
ボールにペンで黒点をつけるのも
効果的。

グリーンに上がるときは、花道側から上がる

コースに出たら、できるだけ少ないパット数でホールアウトすることに全力を注ぎましょう。そのためにもグリーンの「観察眼」が重要なポイントになります。

グリーンの傾斜を観察し、ボールからカップまでのラインを読むには、まずグリーン全体の傾斜をよく見ておくことが大切です。グリーンへのショットを打ち終えたら、グリーンに向かって歩く途中で、グリーン全体の傾斜をチェックしましょう。

50ヤード手前地点くらいからグリーンを遠めに見ると、傾斜やマウンドなどの状況がつかめます。

そして、グリーンに上がるときは、一番低い場所から上がるようにします。グリーンの奥側から手前側にかけて下っている受けグリーンがほとんどですから、グリーン手前の花道側から上がるのがベストというわけです。何故、低い場所から上がるのがいいのかというと、そのほうがグリーン上の細かい傾斜やマウンドが見やすいからです。

現在では乗用カートでのセルフプレーが当たり前になりましたが、同時にパットが下手

になったというゴルファーの嘆きをよく耳にします。それは、グリーンを観察する機会が失われてしまったのが原因です。カートの静止位置は、一般的にはグリーンの真横か奥です。アイアンショットを打ち終えて、カートに乗って一気にグリーンの横か奥まで進んでしまうために、グリーンの状況を十分に確認できないのです。

また、カートに座った状態から、グリーンの近くでカートを降りたとき、三半規管がまだ不安定です。体の感覚が揺れたままでグリーンに上がっても傾斜は読めないし、ストロークの軌道もブレてしまいます。体のバランスが悪い上に、情報不足で何もよいことがないわけです。

リモコン付きカートであれば、なるべくなら乗用カートに乗ってグリーンまで行かないことです。そして、グリーンの真横や奥から上がらないことです。せめてグリーンの手前30～50ヤード手前からは歩くようにして、グリーンを遠めに見ながら歩き、グリーン全体の傾斜を見ましょう。

グリーンに上がるときは、一番低い花道側から上がることです。グリーンの手前から歩けば三半規管も安定し、体のバランスがよい状態に保たれています。こうした心がけ次第で、パットのミスはいくらでも防げます。

足の裏で傾斜を感じ取るには、シューズ選びが決め手になる

グリーン上の傾斜は、目だけでは判断しきれないケースもよくあります。とくに高い山が近くにあるコースでは、平坦に見えても実際はかなりの傾斜があったり、体は傾斜を感じているのに平坦にしか見えなかったりするものです。

そんなときは、両足の裏で傾斜を感じ取りましょう。傾斜がわからなくなったら、両目をつぶり、両足の裏の神経を鋭敏にするのです。

ところが靴底が厚めで、軽量の運動靴タイプのゴルフシューズを履いていると、両足の裏から傾斜を感じ取るのが難しくなります。歩きながらでも傾斜を感じ取りやすくするには、スパイクシューズにしろ、ソフトスパイクやスパイクレスのシューズにしろ、靴底が薄くて重いシューズが適しています。

ゴルフシューズから傾斜の情報を得るためにも、シューズ選びが決め手となるのです。履きやすくて疲れにくいこと、サイズが大きすぎず小さすぎず、ぴったりとフィットしていることも大切な要素ですが、両足の裏の神経を麻痺させないような造りであることがよ

り重要です。

靴底が薄くて重めということは、それだけ両足の裏が地面に接している感覚に優れているといえます。実際に履き、少し歩いてみて、地面の状態が感じやすいかどうかをテストしましょう。

「シューズの下に葉っぱが挟まっただけでもわかる」というトーナメントプロもいるほどで、そのくらい両足の神経を集中させることで、グリーン上の細かい傾斜やマウンドも感じ取れるようになります。

それに重いシューズは重心が下がり、アドレスが安定しやすいという利点があります。下半身が余計な動きをしなくなるので、ストロークの軌道のブレも解消されて、結果的にスコアアップにも役立つのです。

ウエアはもちろんのこと、シューズにもファッション性を求めるゴルファーが多くいますが、パットシングルを目指す人なら、シューズの質にもしっかり目を向けましょう。また、ソックスも厚すぎないものが適しています。

ただし、コースによってはスパイクシューズが禁止されているところもありますから、事前に確認しておきましょう。

グリーンの傾斜はこうして読め

グリーンを遠めから見て、グリーン全体の傾斜をチェックするときは、グリーン上の一番高い場所も見つけておきます。もっとも高い場所から低い場所に向かってグリーンがどのように傾いているのかを観察し、仮にグリーン上に水を撒いたとしたら、水はどのように流れるのかを想像するのです。

グリーンのもっとも低い位置から上がるときも傾斜には絶えず気を配り、その作業の中でボールとカップを結ぶ通り道、つまりラインをイメージします。

ボールのライン後方側からカップの方向を見るときも、しゃがむなどして姿勢をできるだけ低くしましょう。目線を低くしたほうが、グリーンの傾斜が見やすいからです。石川遼選手が米ツアープロのカミロ・ビジェガスの真似をして、グリーン上に腹這《ば》いになるような格好をすることがありますが、これも理屈に合っているのです。

プロがラインを読むときの仕草はまちまちですが、青木功選手の読み方が多くのアマチュアの参考になると思います。そう、右手でパターを持ち、そのまま垂直にぶら下げる、あのポーズです。世界的なパットの名手と謳《うた》われた青木選手のトレードマークとしても知られていますから、すぐに思い出す人も多いでしょう。これは、ボールとカップをパターのシャフトに重ねてみることで、傾斜を確かめているのです。

パターを重力方向にぶら下げて、傾斜を読み取る

仮にあなたが、グリーン上の傾斜地に立っているとします。まったくの平地であれば、パターを重力にまかせて垂直にぶら下げると、カップとボールがシャフトに一緒に重なって見えますが、傾斜地ではボールとカップがズレて見えます。

左から右に傾斜しているグリーンの場合、シャフトをカップに重ねると、ボールがシャフトよりも左側に見えます。次にシャフトをボールに重ねれば、カップがシャフトよりも右側に見えます。

立っている場所が傾斜地でも、カップの周辺が平らなケースもありますが、こうしてラインを読むと、シャフトがカップよりも左側にズレて見えた地点付近が、ボールを打ち出す方向の目安になることがつかめるのです。

右から左に傾斜していれば、この逆となります。シャフトをカップに重ねてみれば、ボ

ールはシャフトの右側に見えます。シャフトをボールに重ねると、カップはシャフトよりも左側に見えるわけです。どの方向に打ち出すかを速やかに判断するには、シャフトのほうをボールに重ねて見るのが合理的といえるでしょう。

ボールが転がるスピードは初速、中速、終速で異なりますから、最初から曲がるラインをイメージするのは間違いであることは、既に説明したとおりです。この方向に真っ直ぐ打ち出せば、ボールの転がりが弱まったところで、傾斜に乗って曲がり出すと予想されるブレイクポイントを決めて打つわけですが、青木選手のラインの読み方は、ブレイクポイントをどの辺に設定するかの目安をつかみやすいという利点もあります。

この方法がどんなケースにも対応できるわけではありませんが、目線を低くしても傾斜が読み取りにくいときなどに活用するといいでしょう。

トーナメントを観戦し、プロたちがラインを読むときにどんな仕草をしているかを研究し、実際に真似してみるのもよいことです。その中でラインが読みやすいと感じられる方法を、自分のルーティーンワークに取り入れてください。

グリーンの傾斜の読み方の一例

グリーンが左から右に傾斜している場合、シャフトをボールに重ねてみると、カップはシャフトよりも右に見える。このシャフトの位置が、ボールを打ち出す方向の目安となる。

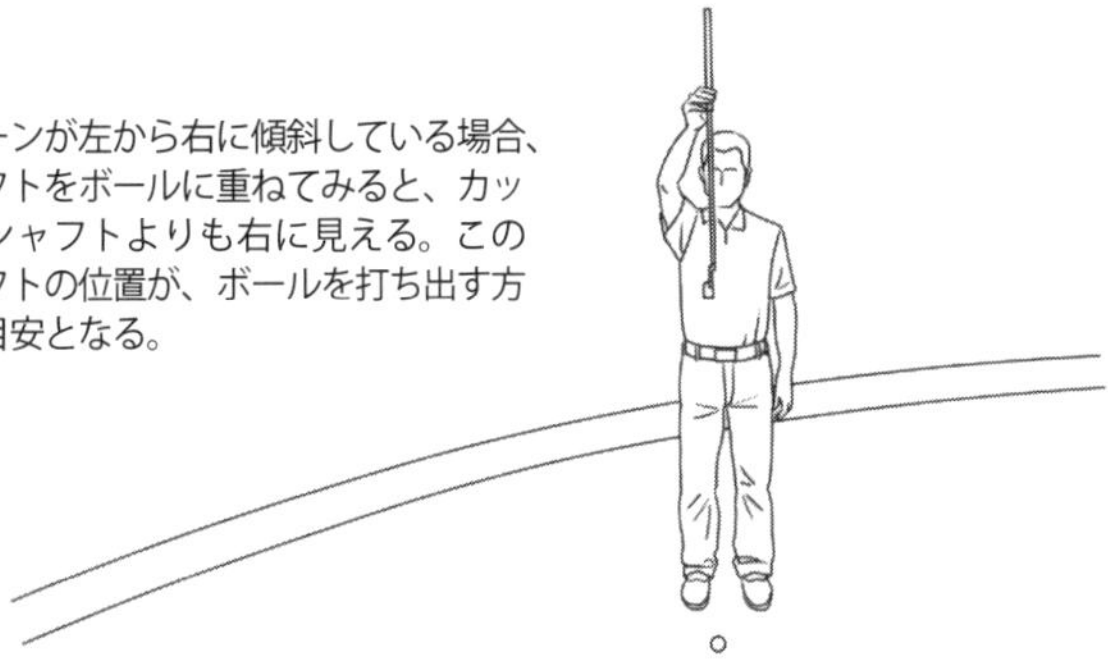

①カップとボールにシャフトを両手で持って合わせ、②左手を離すと、左から右への傾斜だとクラブヘッドが右へずれる③右へずれた幅を左にシャフトをボールに合わせてずらすと、さらにわかりやすい。

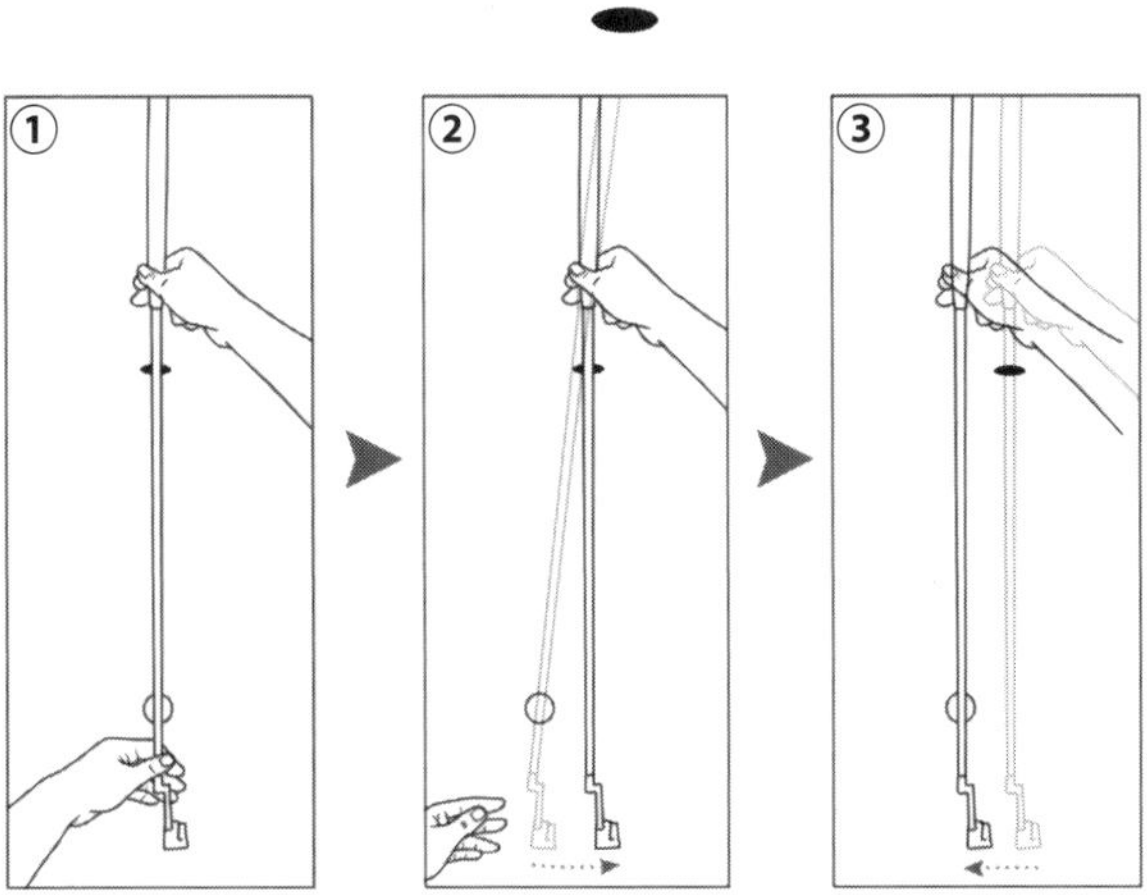

ラインを読むなら、バックサイドからも必ず見る

グリーンに上がり、ボールの近くまできたら、グリーンの傾斜をもう一度確認します。このとき、ほとんどのゴルファーはボールのライン後方側の位置で、しゃがむなどして姿勢を低くしてラインを読みます。

そして、「これはスライスラインだ。狙いはカップ2個分左だな」と判断したら、すぐにアドレスに入ろうとします。

プレーのテンポが速やかなのは、とても素晴らしいことです。しかし、ボール側からカップを見るだけでは、ラインの読み違いを招いてしまうケースが結構多いのです。

ボール側からカップのほうを見てラインを読んだら、必ずバックサイドからもラインを読むようにしましょう。バックサイドとは反対側のこと、つまりカップ側からボールの方向を見るのです。

ボール側からカップを見た場合と、カップ側から見た場合ではラインが一致しないことがあります。ボール側からはスライスラインにしか見えないのに、カップ側からはフック

ラインに見えるという具合に、まったく逆のラインに見えてしまうケースも決して珍しくはないのです。

こんなときは、どうしたらよいのか迷ってしまいますね。結論からいえば、カップ側からボールの方向を見たラインを優先させるほうが、好結果につながります。

それは、何故なのか。ボール側から見た場合、カップを終点と考えてしまうから、カップの先のラインのことはまるで見ようとしません。カップをはずしたケースの想定ができていないわけです。しかし、カップ側からボールのほうを見れば、カップの先のラインがよく見えます。もし、カップをはずしたらこの方向に転がるな。そのようにイメージできれば、そこからボールへとラインを逆に辿《たど》ることで、ブレイクポイントを明確に設定しやすく、狙いがハッキリしてくるわけです。

バックサイドからの読みが100パーセント正しいわけではありませんが、確率的にはかなり高いといっていいでしょう。

また、ラインを真横からも見ましょう。上りか下りかの判断が難しいときは、真横の位置から見るとカップとラインのどちらが高いかを判断しやすいからです。ただし、ラインの読みに時間をかけすぎて、スロープレーにならないように注意してください。

景色にごまかされやすい場面では周囲の風景を遮断する

ボール側からカップを見た場合と、バックサイドから見た場合で、ラインが違って見えたり、まったく逆のラインに見えたりするのは、グリーンの周囲の景色からくる錯覚によるものとも考えられます。

たとえば、ボールからカップを見たときはフックラインと判断したのに、バックサイドからはスライスラインにしか見えないというケースなどは、グリーンの奥側が急な左上がりの傾斜地になっていることがよくあります。グリーンの奥の地面が平坦であれば、フックラインに見えるところが、グリーン上の傾斜と周囲の傾斜を一緒に見てしまうために、判断が狂わされるのです。

同等のケースで、グリーンの奥に急な右上がりの傾斜地が目に入ると、軽いフックラインが大きく左に曲がるフックラインに見えてしまうわけです。

このような錯覚は、ラインを真横から見たときにも頻繁《ひんぱん》に生じます。ボールからカップの近くまで歩いてみたときは明らかに上りのラインと感じたのに、ラインを真横から見たらどうしてもカップのほうが低く感じてしまう。視覚的要素から下りのラインと判断して打ったら、ボールが全然転がらず、カップの手前に大ショートという残念な結果に。これはストロークのミスではなく、状況判断のミスです。視覚よりも、両足の裏の感覚のほうが正確ですから、上りのラインと読み切って、しっかりと大きめの振り幅でストロークすべきです。

起伏の多い山岳コースや丘陵コースで、こうした錯覚はよく起こりますが、平坦な林間コースなどでもコース設計家が意図して造ったワナから生じるものもあります。ラインを読むときに、グリーンの奥側の景色が目に映るようなら、両手で両目の上を覆《おお》って景色を遮断しましょう。

ラインの読みに無関係な景色を遮《さえぎ》ることで、グリーン上の傾斜を正しく判断しやすくなります。トーナメントプロたちが、両手、または片手を両目の上に当ててラインを読んでいるのは、余分な情報が入ってくるのを防いでいるのです。

また、太陽光が強く当たっていたり、斜光のためにグリーンが光って眩《まぶ》しく見えるときも、両手で両目の上を覆うことで、ラインを見やすくする効果があります。ちょっとした仕草ですが、ラインをしっかり読み取る工夫が隠されているわけです。

カップ周りを確認して、最後にどっちに切れるかを判断

ボールの転がりがカップ周りの傾斜にもっとも影響されますから、カップにはどの方向からボールが入っていくかの見極めが重要です。強めのタッチとジャストタッチではカップの入り口が変わるとはいえ、バックサイドからもラインを見ておき、カップ周りの傾斜を正確に判断しておく必要があります。

確実にカップインさせたいショートパットは当然ですが、ロングパットにおいても、ボール側からややバックサイド側から見るだけでなく、他人のラインを踏まないように配慮しながら、カップの近くの位置で姿勢を低くして傾斜を読むようにしましょう。

トーナメントプロたちが、カップを覗き込んでいるシーンを見たことがありませんか？

実は、これもカップ周りの傾斜を正確に読み取るコツなのです。カップの位置はゴルフコースのグリーンキーパーが決定し、カップ切りの道具を使用して、グリーンに穴を開けてカップと呼ばれる筒を入れます。傾斜のある場所でも、カップは必ず重力方向、つまり垂直に入れてあります。見栄えがいいように、カップの内側には白ペンキが塗られていま

すが、白ペンキの上は土が剥き出しになっていますから、その部分を見ればカップのどちら側が高いかがわかるのです。

土の幅が一番厚いところが高く、幅が薄くなっている低いところを見つければ、カップに入れるにはどの方向から転がせばいいかのイメージがより明確になります。

また、グリーンの傾斜だけでなく、芝目によってもボールの転がりが影響されます。芝の芽がソフトなベント芝のグリーンは、それほど芝目には左右されないので、傾斜を重視してラインを読みますが、芝の芽が硬いコウライ芝のグリーンの場合は、芝目もよく見ておく必要があります。

基本的には水が流れる方向、または太陽の方向に芝目が向きます。山を背にして順目、海に向かって順目です。太陽を背にして立った場合、グリーンの芝が白く光って見えれば順目、鮮やかな緑色なら逆目となります。

近くに高い山があるコースで、芝目がきついときは要注意です。グリーンの傾斜だけを見ればフックラインでも、芝目が左から右を向いていると、ほぼストレートに転がっていくケースなどがよくあります。キャディ付きのプレーであれば、アドバイスを参考にしてパットの大叩きを防ぎましょう。

自分のルーティーンワークを一定させる

パットが上手いゴルファーたちのプレーを、一度観察してみてください。プレーのリズムがよく、動きに無駄がないでしょう。ひとつひとつの仕草に落ち着きが見られ、アドレスをつくる手順がスムーズで、ストロークを滑らかに始動しています。自分のルーティーンワークが一定しているから、見ているゴルファーに安心感を与えてくれるようです。

66ページで説明した、いつも同じ姿勢で構えられるようになる練習、そして94ページのボールの前に立ったら、もう方向は考えないという2つのことを、パットシングルたちは実践しているのです。

パットが上手くなるには、ストロークの練習を日頃から欠かさないことが大事ですが、それ以上につねに同じアドレスの姿勢をつくる練習が重要です。アドレスに入る手順が変わると、ボールの位置や体の向きに誤差が生じやすくなります。それに気づかないでいるとストローク軌道がブレて、ボールの転がる方向が安定しません。これを手先の動きで修正しようとすると、ミスパットがますますひどくなる悪循環に陥ってしまいます。

ドライバーやアイアンなどのショットと同様で、ミスパットの原因の8〜9割はアドレスの間違いにあります。だからこそ、いつも同じ姿勢で構える習慣と、正しい姿勢で構えたときの感覚を養うトレーニングを励行《れいこう》して欲しいのです。

どの位置で素振りするかも決めておこう

また、ラインの後方側からカップを見る位置、つまりラインに正対する位置では、方向を意識します。素振りする場合は、ボールをどの方向に打ち出すかをしっかりイメージしながら素振りしましょう。ただし、ボールの前に立ったら、両目がラインと交錯しますから、もう方向はいっさい考えず、距離感やタッチだけを考えるようにすることです。

そこで、ルーティーンワークのひとつとしての素振りをどこで行なうかが、重要なテーマとなります。プロたちの仕草を見てもわかる通り、パットのルーティーンワークは百人百様です。ラインに正対する位置だけで素振りをする人、ボールの近くに立った位置だけで素振りをする人、両方の位置で素振りをする人など様々ですが、両目の使い方を正しく理解し、目的に合った素振りを実行することが大切です。

私が勧めたいルーティーンワークとしては、

1・ラインを読んだら、ボールの近くまで歩き、体がラインと平行の状態でラインを見ながら素振りを繰り返す。ここでは距離感やタッチだけをイメージする。

2・次にボールの後方から、もう一度ラインを見てブレイクポイントを決める。同時に、ボールのすぐ近くにスパットを設定しておく。

3・ボールの前にきて、フェース面をセットし、アドレスをつくる。そして、速やかにストロークを開始する。

3のボールの前にきたときは、もう素振りはしないわけです。素振りしてはダメとはいいませんが、多くのアマチュアゴルファーの仕草を見ていると、無駄な素振りをしている人がいかに多いか、気づかされるものです。ラインに正対する位置で距離感を意識した素振りや、ボールの前で方向を意識した素振りなど、まったく意味のない素振りなら、しないほうがまだマシです。

ロングパットなのに小さい振り幅で速く振ったり、ショートパットで大きくゆっくり振ったりするゴルファーも沢山います。これこそ、有害な素振りです。ラインを見ながら、タッチ合わせを意識した素振りを繰り返すのであれば、長い距離ならボールの初速と、転がす距離のイメージを優先すること。ストロークの振り幅は大きめで、滑らかなリズム感を意識しましょう。そして、短い距離なら方向を重視すること。小さめの振り幅で、ロングパットよりもさらにゆっくりとしたストロークテンポで素振りしてみてください。

スッと構えに入っていけるルーティーンが大事

アドレスをつくるときは、まず両足を揃えた姿勢から、右手でパターを持ってフェースをスクエアにセットし、それから両手をグリップして両足を左右に広げるという手順もあれば、両足を揃え、最初から両手をグリップした状態からフェースを合わせて、次にスタンスを決めるという手段もあります。自分でスッと構えに入っていけるルーティーンワークが最良です。

構えたらボールを見たままの姿勢でモジモジしてはいけません。ストロークの開始までの時間が長いと、素振りで折角つかんだ距離感のイメージが消えてしまうからです。体が静止したままでは、肩や腕が次第に硬直し、両手にも余分な力が入ってきます。

素振りはストロークのリハーサル。アドレスして、ストローク開始までは最長で2秒。構えたらモジモジしないで、すぐにストロークを始める習慣をつけましょう。

同伴競技者のパットからも有効な情報をゲットしよう

同伴のプレーヤーのパットを注意深く観察する。これもパットシングルになるための絶対条件です。

どんなパターを使っているのかとか、どのような姿勢で構えているのか、あるいはどんなストロークをしているのか、といったことに注目しなさいといっているのではありません。他人がストロークした結果、ボールがどう転がっていったかを、最後までしっかりと見届けて欲しいのです。

自分がラインを読み切れない場合は、とくにその作業が必要です。他のプレーヤーのタッチやボールの転がるスピードから傾斜を想定し、自分のストロークの判断材料にするのです。

強すぎてカップをオーバーしたのを見て、「思ったほど切れなかったな」と安易に考えるのではなく、「今のパットは強すぎたために切れなかったのもあるが、見た目よりも下りの傾斜がきついのかもしれない」と警戒心を強めるとか、また違った場面では、「ジャストタッチで打ったように見えたけど、それではずしてしまったのは、傾斜が予想以上に強いな。強めのタッチのほうが入りそうだ」と決断するなど、気持ちを整えるためにも有効です。

パットがどんなに下手な人からでも、情報は必ず得られます。とくにカップ周りでボールがどの方向に転がるかを見逃しては大きな損です。上りのラインはボールが転がるスピードが早く落ち、傾斜によって曲がりが大きくなります。下りはボールが加速し、曲がりが抑えられて直線的に転がることが多いことを念頭に置いた上で、自分のラインを最終的に判断してストロークしましょう。

なお、自分の順番がきてから、ボール側からカップを見る、次にラインを真横やバックサイドからも見るという一連の作業を行なっては、スロープレーにつながります。他人のプレーの妨げにならない範囲内で、バックサイドやラインの真横側から見るなどの作業を進行しておきましょう。

自分のライン読みと、他人のパットを見届ける作業を並行させておくことで、打つ順番がきたときにラインの読みで迷う要素が少なくて済み、自分のルーティーンワークを速やかに実行できます。

左打ちの姿勢で見ても同じラインに見えたら、調子がいい証拠

だいぶ前の話ですが、元巨人軍の長嶋茂雄《ながしましげお》さんがゴルフをしているテレビの娯楽番組を見ていて、ショックを受けたことがありました。

長嶋さんは右利きですから、当然のようにゴルフも右打ちです。あるホールでパットを打とうとしたとき、何を思ったのか、突然左打ちのスタイルで構えたのです。そのままでボールを打ったわけではありません。左バッターの打席に入るがごとく、単純に左打ちの構えをつくり、カップのほうを見ただけです。そして、右打ちの姿勢に戻ってストローク。これが見事にカップインです。

何なんだよ、これは！　かつてないほどの驚愕《きょうがく》です。ビックリを通り越して、体中に電気がビリビリと流れたんじゃないかと疑ったほどでしたから。超感覚派といわれた長嶋さんならではの発想かもしれませんが、次の日のゴルフで早速真似してみました。

そこでまた、新しい発見をしたのです。右打ちの構えと左打ちの構えでは、両目の位置が変化します。利き目がラインから遠くなるか近くなるかの違いも生じます。利き目で見

やすいほうが、ライン読みの上で有利になるという指摘もありますが、一概にはいえないでしょう。ただ、これだけは断言できます。

それは、右打ちの視点で見ても、左打ちの視点で見ても、同じラインに見えたら、読みが当たっている証拠だということです。そして、もうひとつは、その日はパットの調子がよいことです。

右打ちの姿勢ではスライスラインに見えるのに、左打ちだとストレートにしか見えない。この場合は、ラインが読み切れていません。そんなときは、バックサイドから見たラインを優先してストロークすれば、大きな読み違いを防止できます。

ラインは細い線のイメージです。しかし、カップの直径は10・8センチあります。一升瓶がすっぽり入ってしまうのですから、カップは思った以上に大きいのです。カップに入らなくなると、精神的な不安や迷い、自信喪失などからカップが小さく見えてしまうこともあるでしょう。反面、よく入るときはラインがよく見えて、カップも大きく感じられるものです。

ラインを読み切る力をつけるためにも、長嶋さんに倣《なら》って、ときには左打ちの構えで傾斜を見ることも重要だと思います。

スネークラインはカップ側から見ると、読み違いが少ない

ベント芝の面積の広いワングリーンの場合、グリーンの表面が大きくうねっているケースをよく見かけます。別名「ポテトチップスグリーン」です。

このようなグリーンでは、傾斜を読むのに苦労させられます。グリーンに上がる前から遠めに見ても、グリーンが大きく波打って見えるだけですし、グリーン手前の花道側から上がっても急な傾斜やマウンドだらけで、ラインなどまったくわからない。ハッキリいって、どんなパットの名手でもお手上げなのです。

しかし、3パットを回避する努力だけは惜しまないこと。これじゃ、3パットも4パットも止む無しと最初から諦めていては、パット上達の絶好のチャンスを見失ってしまうことになります。

たとえば、ボール側からカップの方向を見たときに、ラインの右側にマウンドがあったとします。このマウンドがラインに直接的には影響していないように感じると、最初にフックして、それからスライスするラインなどに見えることがあります。これは、ボール側

からカップまでの通り道を考えようとするために起こる錯覚です。このラインが当たっていて、カップインすることもあります。しかし、十中八九はラインの完全な読み違いです。右や左に複雑に曲がってみえるスネークラインの鉄則は、バックサイドから見たラインを優先させること。カップ側から見ると、ラインの右側に見えたマウンドからカップに向かってほぼ真っ直ぐに転がることに気づいた。結果的には、ボールをマウンドの方向に打ち出すだけの単純なフックラインでいい、そんなケースが多々あるのです。

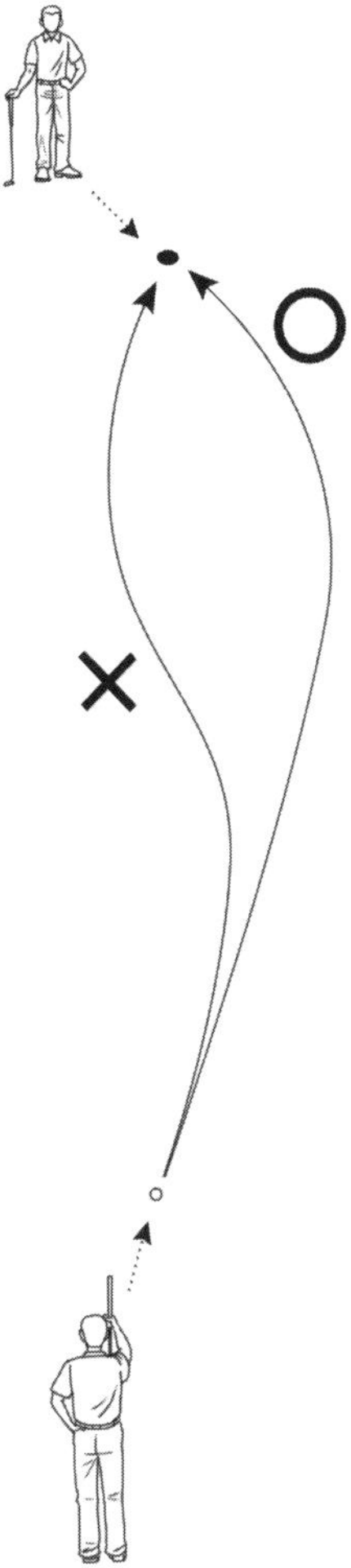

読みが難しいスネークラインはバックサイドから必ず見ること。マウンドからカップに向かってストレートに近い角度で転がると予想できれば、マウンドのほうを狙って打ち出せばいいことがわかる。

二段グリーンは段の傾斜を見て転がるスピードをイメージ

アメリカンスタイルのコースは大きなベントグリーンが特徴で、段差を設けたグリーンもひとつの特色になっています。これがまた、スネークライン以上に厄介です。

ここでは二段グリーンのパットの注意点について解説しましょう。まず、ピンの位置が上の段で、ボールが下の段に止まっているケースです。この場合は、上の段の上に乗せることが絶対条件です。タッチが弱すぎて段を上りきれず戻ってしまうと、ボールが下に落ちるスピードがつき、最初の位置よりも遠くなってしまう結果となります。こうした判断ミスが、3パットや4パットを招くのです。

できるだけ少ないパット数でホールアウトするには、まず最初にボールが上の段に上り切ってからの傾斜を見ます。つまり、バックサイドからの読みが重要になるわけです。上の段に上ってからどう曲がるかを想像し、ブレイクポイントを見つけます。次にボールが段を上っていくスピードをイメージします。そして、段の入り口と出口を設定して、最後にボールを打ち出す方向を決定します。

ボールから段の入り口に向かってほぼストレートで、段の出口からカップまでも大体真っ直ぐなラインであれば、タッチを合わせることに全力を注ぐといいでしょう。しかし、ボールが下の段の左寄りにあり、カップが上の段の右寄りという具合に、段を斜めに横切る場合は、段をボールがどう転がっていくかのイメージがひとつの決め手となります。

入り口が段の左下で、出口が段の右上という場合、よほど強くヒットしない限り、段を斜め直線に上っていくことはまずありません。段は急な上り傾斜ですから、途中で急速にスピードを緩めます。

つまり、左下の出口から右にカーブを描くようにして、右上の段に向かうのです。この加減が弱いと、上の段まで届かず、下の段に戻ってしまうわけです。

下の段に打つときは、タッチを最優先

そこで、カップが上で、ボールが下の場合は、距離感よりもボールのスピードのイメージが重要なポイントとなります。ボールが上の段に上がってからの終速、段を上っているときの中速、そして打ち始めの初速の3つに分けて考えるのです。できたら、段を上っている最中の中速の間も、初速、中速、終速に分けてイメージすると、転がるスピードの感

覚がつかみやすくなります。

次に、カップが下の段で、ボールが上の段に止まっているケースを想定しましょう。この場合は、下の段に届かせることが重要ですが、全体が下りのラインとなるので、下の段に打つことだけなら、それほど難しくはありません。要は、タッチを合わせるのがとても難しいのです。タッチが強すぎるとボールが止まらず、どこまでも転がってグリーンの外に出てしまいます。それを警戒して弱く打ちすぎると段の手前で止まってしまい、3パットや4パットを招く結果となります。

こうしたケースでは、ボールが転がるスピードよりも、距離感やタッチを優先しましょう。下の段に届かせた後の傾斜はどうか、段の入り口と出口はどの辺に絞るか、そして打ち始めはどの方向を狙うか、という順序でラインを想像しますが、基本的には段の入り口まで届かせるくらいのタッチでストロークするのが無難です。

その理由は、段を下るときにボールが加速してしまうからです。下の段から上の段へと打つときはスピードを第一に考えることで成功する確率が高いのですが、上の段から下の段へと打つのなら、転がり全体のスピードを考えるよりも、タッチ優先で考えたほうが下の段に下りてきてからのスピードを制御しやすいといえます。

ボールが上の段の右側で、カップが下の段の左側であれば、段を斜めに横切ります。段を下りるときに転がるスピードが速まりますから、斜め直線で横切ることはあり得ません。左にカーブを描き、段差の下に向かって直線的に下りていこうとします。このように段を下るときの転がり方もイメージして段の入り口と出口を見つけ、それからタッチを出すことに集中してストロークしましょう。

テークバックが小さくなりすぎないように注意し、ゆっくりとしたスピードでテークバックするのがポイントです。

3パットはショットのミスが原因と反省しよう

二段グリーンで3パットしてしまうことが多いのは、コースマネジメントのミスが原因です。グリーンには乗っても、2パット以内で上がるのが難しいようなら、それはミスショットといわざるを得ません。

とくにピンが下の段に立っているときは、絶対に上の段に打たないこと。ピンが上の段なら、手前にショートさせないように慎重なショットを心がけましょう。できるだけやさしいラインを打てるような場所に運んでおくのが、二段グリーンの最良の攻略法です。

二段グリーンにおけるパットの注意点

下の段から上の段に打つときは、カップまでの転がりのスピードをイメージする。段を上るとき、スピードが早く低下することを頭に入れておこう。

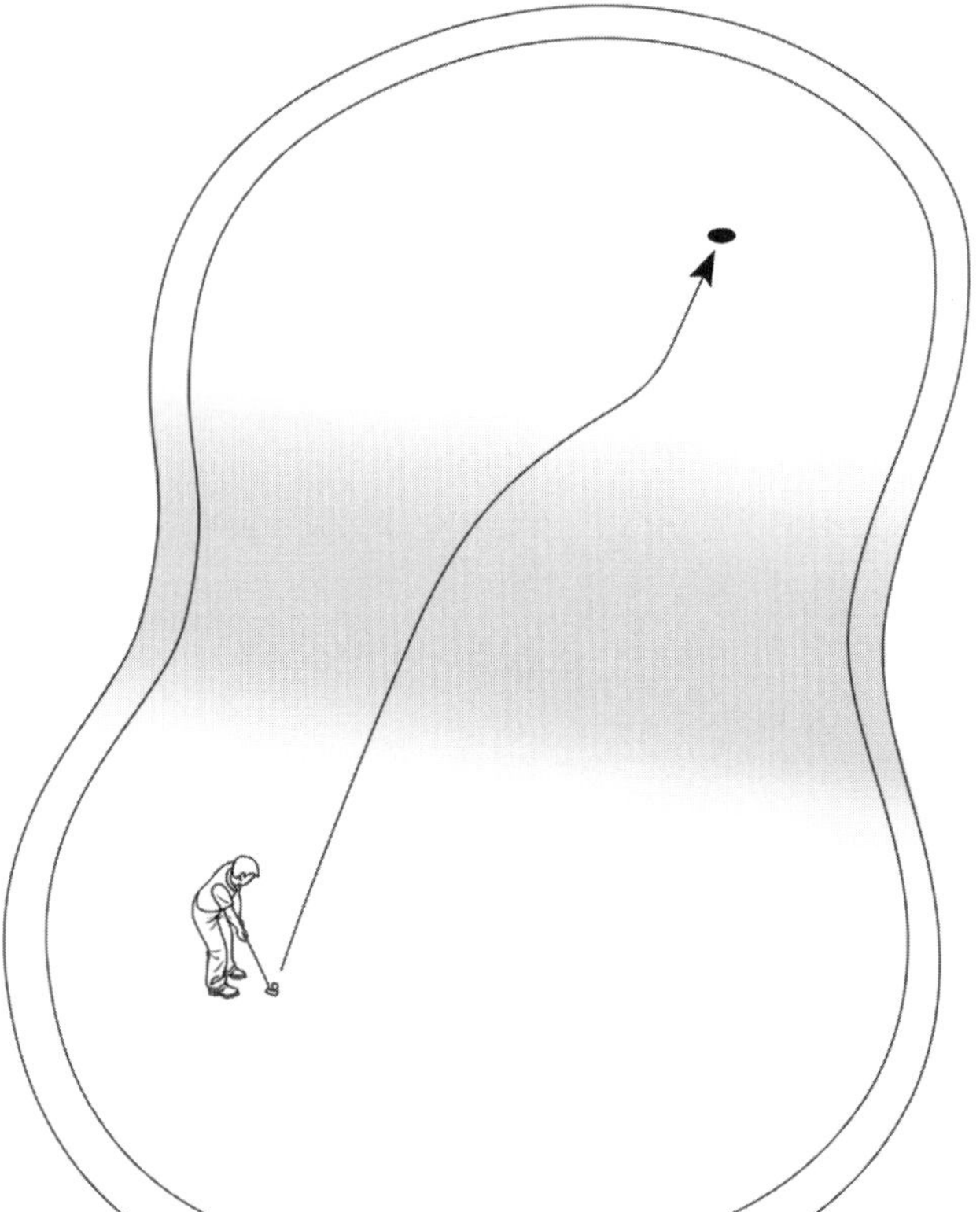

上の段から下の段に打つ場合は、段の入り口まで届かせるくらいのタッチでストロークする。段を下るときはボールが加速するので、タッチを合わせるのが難しい。

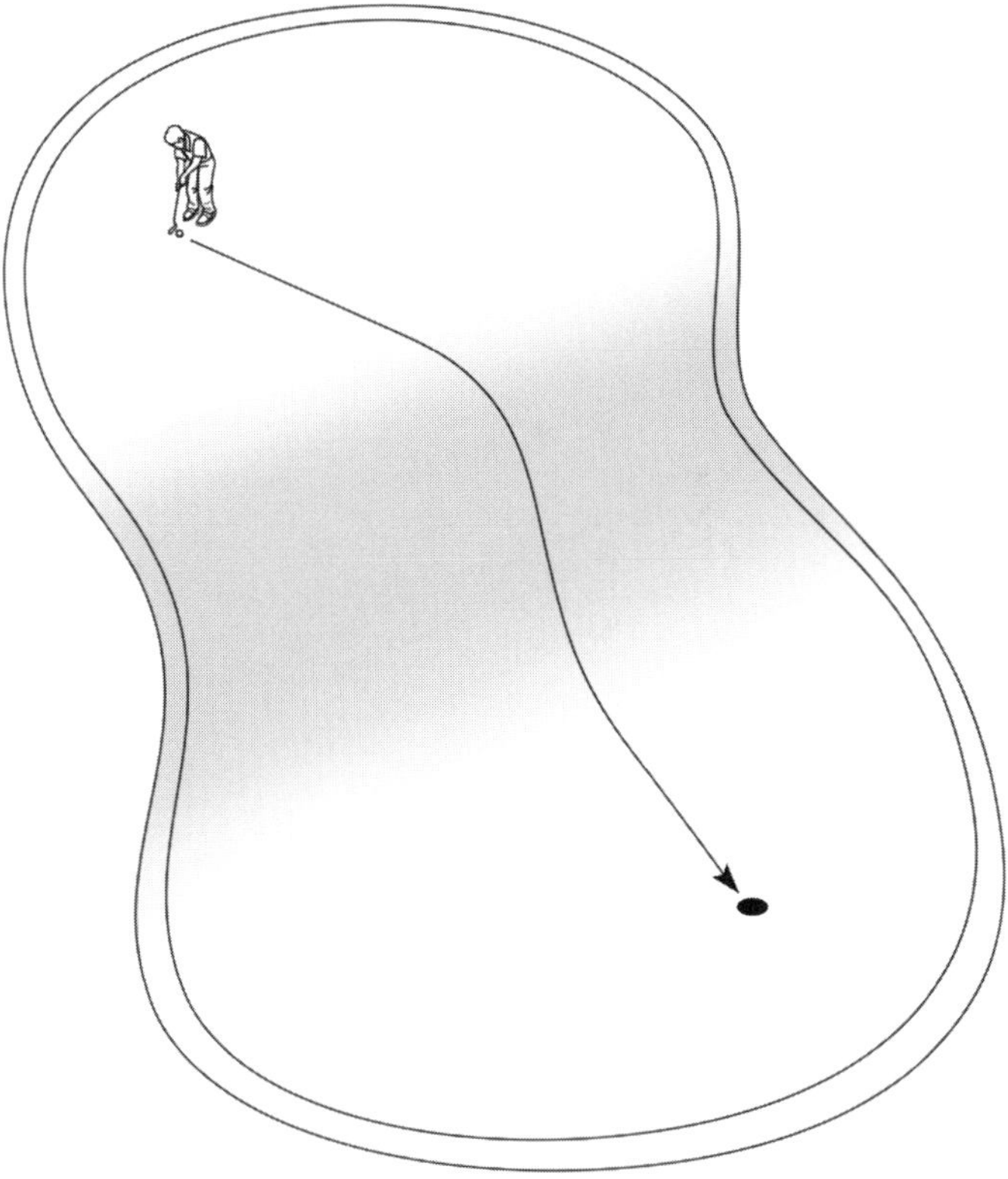

ロングパットもショートパットもスタイルを変えない

10メートル以上のロングパットは距離感を優先し、1〜2メートル以内のショートパットは方向性を重視してストロークするのが基本です。

ところで、ロングパットとショートパットでは、アドレスの姿勢が変わってしまうことはないでしょうか？

ロングパットではカップが遠くに見えるため、上体を起こし気味に構えるゴルファーが多いように思います。小さく構えるとカップやラインが見にくいので、大きな姿勢で構えようとするのが自然といえます。逆にショートパットは、ストローク中に体がブレないように姿勢を小さくして構えるのが、理にかなっているように思えます。

上体を起こし気味に構えれば、大きなストロークで振りやすくなるし、上体を屈《かが》めて小さく構えると振り幅を小さく抑えられます。合理的な考え方ですし、反論の余地なんてまったくなさそうな気がします。

しかし、私はあえて反論したいのです。何故かというと、ロングパットとショートパットでアドレスの姿勢を変えると、ストロークのイメージや体の動きなどがまったく別物になってしまうからです。

前傾姿勢を浅めにして構えるのは、みぞおちの回転を使ったストロークで、フェースの開閉でボールをつかまえるイメージです。前傾姿勢を深くするのは肩甲骨のスライドを使って、パターを直線的に振る感覚が適しています。どちらのタイプにも対応できるピン型やTバー型を使用する人であれば、状況によってアドレスの姿勢を調整するのもいいかもしれませんが、なるべくならどんな距離でも同じ姿勢で構えるようにしたほうが、ストロークの再現性や反復性が向上すると思います。いつも同じ動きでパターを振れるようにする早道であり、カップインの確率をアップさせるためにも、それが得策です。

パターの性能を無視して、アドレスやストロークを安易に変えるのは避けましょう。L字型のパターを使う人は、ロングパットもショートパットも上体を起こし気味に構えてストロークし、ネオマレット型を使用する人であればカップまでの距離に関係なく、どんな状況においても、後頭部のラインを地面と平行にするくらいのイメージで構えましょう。パターの特性を生かせるようなアドレスとストロークを実行することが、つまらないミスパットを防ぐポイントです。

もっとも入る確率が高いのは上りのフックライン

24ページのところでタイガー・ウッズの話をしましたが、ここでもう少し内容を掘り下げて解説したいと思います。

タイガー・ウッズは、米ツアープロの誰もが認める「パーフェクト・セーフティゴルファー」です。バーディ攻勢は一見して超攻撃ゴルファーに見えますが、実は違います。とくにメジャー大会などは、初日から徹底した安全策をとっています。アイアンショットではピンをダイレクトに攻めるし、アプローチはチップイン。入らないとしても、つねにピンそば。そして、パッティングもよく入る。このアグレッシブな攻め方は、裏を返せば計算ずくめの作戦なのです。

タイガーは上りのフックラインが得意です。なので、アイアンショットではピンの右手前に乗せることを最優先します。グリーンの傾斜をチェックして、グリーン上のどこに落とせば上りのフックラインが残りやすいか。そして、ピンの近くに寄りやすいのか。仮にグリーンをはずした場合、どこからのアプローチがピンに寄る確率がもっとも高いか。こうした作戦をつねに頭に描いているので、攻めにまったく無理がありません。

だから、パットがよく入るのです。アプローチも寄るし、チップインの回数も多い。スーパープレーに見えても、その正体はセーフティプレー。初日からこの作戦でバーディを積み上げて、相手にまったく隙を与えませんから、他のプレーヤーは手に負えないと早々に諦めてしまいます。タイガーが本当に攻めまくるのは最終日のバックナインからですが、それもセーフティプレーの延長なので、取りこぼしがないわけです。

上りのフックラインはミスの許容範囲が広い

そのタイガーが最近調子を落としているのは、得意の上りのフックラインを打つ場面が減っているからです。それはアイアンショットが狙った場所に正確に打てていないことを証明しています。ショットの調子が回復すれば、またタイガーチャージが見られるはずです。

ところで、上りのフックラインを得意とするのはタイガーだけではありません。それは、もっとも入る確率が高いラインが上りのフックラインだからです。

上りのフックラインの場合、強くヒットしても、右に押し出しても、ミスを帳消しにしてくれるケースが多いのです。タッチがやや強かったり、ちょっと左に引っかけたりしても、それはいい意味でラインを殺すことになり、カップインしてくれることがよくあります。右に押し出した場合も、タッチが弱すぎなければ、カップの右側から入ってくれるチャンスが残されています。

その点、上りのスライスラインといえば、タッチが強すぎたり、左にひっかけたりしたら、ラインから完全にはずれて、カップの左をすり抜けてしまいます。右に押し出してもカップの右に大きくはずれて行きます。上りのフックラインと比較して、パットミスの許容の幅がとても狭いわけです。

ピンまで160ヤードを、ピッタリの7番アイアンで打ったとします。ボールをつかまえすぎたらピン、もしくはグリーンの左奥に行きます。当たりが薄ければピン、あるいはグリーンの右手前で止まります。クラブ選択のミスさえなければ、ショットのミスの結果は、ピンの左奥か右手前しかないということになります。

ピンの奥側からはスライスラインもフックラインも難しくなるので、同じミスをするならピンの右手前側に行ってくれるほうが、次のアプローチやパットがやさしくなるので、スコアをつくりやすいのです。

こうして考えるとアイアンショットはフェード系の球でピンの右手前に落とし、上りのフックラインでバーディを狙うのが、効率のよい攻め方であることがわかります。タイガーがこの典型で、日本のツアーでは藤田寛之《ふじたひろゆき》選手がその代表的なプレーヤーといえます。

自分の得意なラインを知ることが大事

私の場合、もともとはフッカーなので、上りのスライスラインが得意でした。この攻めのパターンがうまくはまって、62というスコアをマークしたこともあります。しかし、トーナメントのデータを分析した結果、上りのフックラインが一番バーディの確率が高いことに気づいて、QT（クォリファイングトーナメント）に出場したときに試してみました。私は器用なほうで、フェードはすぐに打てるのですが、上りのフックラインがなかなか入らなかったのです。予選会が終わって、プライベートゴルフをしたとき、今度は本来の自分のスタイルでプレーしました。ドローでグリーンの左手前に乗せて、上りのスライインを打ったら、ポコポコ入りました。

「結局、メンタルなのかな」と自信喪失に陥りそうになりましたが、実は使っているパターが合っていなかったのです。それまではマレット型を使っていましたが、ピン型に替えてみたら、上りのフックラインが突然入り出しました。「何だ、打ち方が悪いわけじゃなかったんだ。パターに問題があったんだ」と、ちょっと嬉しくなりました。

ネオマレット型やマレット型など直進性の高いパターは、ある意味、スライスラインで威力を発揮するといえます。左に引っかけたり、右に押し出したりするミスをシャットアウトしてくれるので有利です。その点は上りのフックラインでも有効と思えそうですが、フェースの開閉を使ってボールをつかまえるようなストロークがマッチするので、直進性の高い性質を持つパターではイメージがどうも合わないのです。ピン型やL字型は、上りのフックラインが最適といえます。

しかし、上りのスライスラインが得意というゴルファーも大勢います。この場合、フック系の球でグリーンの左手前に運ぶ意識が必要です。フック系の球は止まりにくいイメージが強調されがちですが、そんなことはありません。グリーンは受けていますから、フック系の球はグリーンの面に対してぶつけにいくような感覚です。

それに比べてスライス系の球は、グリーンの面に対して舐める感じなので、止まりにくいケースもあるくらいです。

結局は、どこからパットを打つのが、自分にとってスコアをつくりやすいかを知り、その得意なラインに適応したパターを選ぶことが、一番の決め手となるのです。

カップインの確率が高いのは上りのフックライン

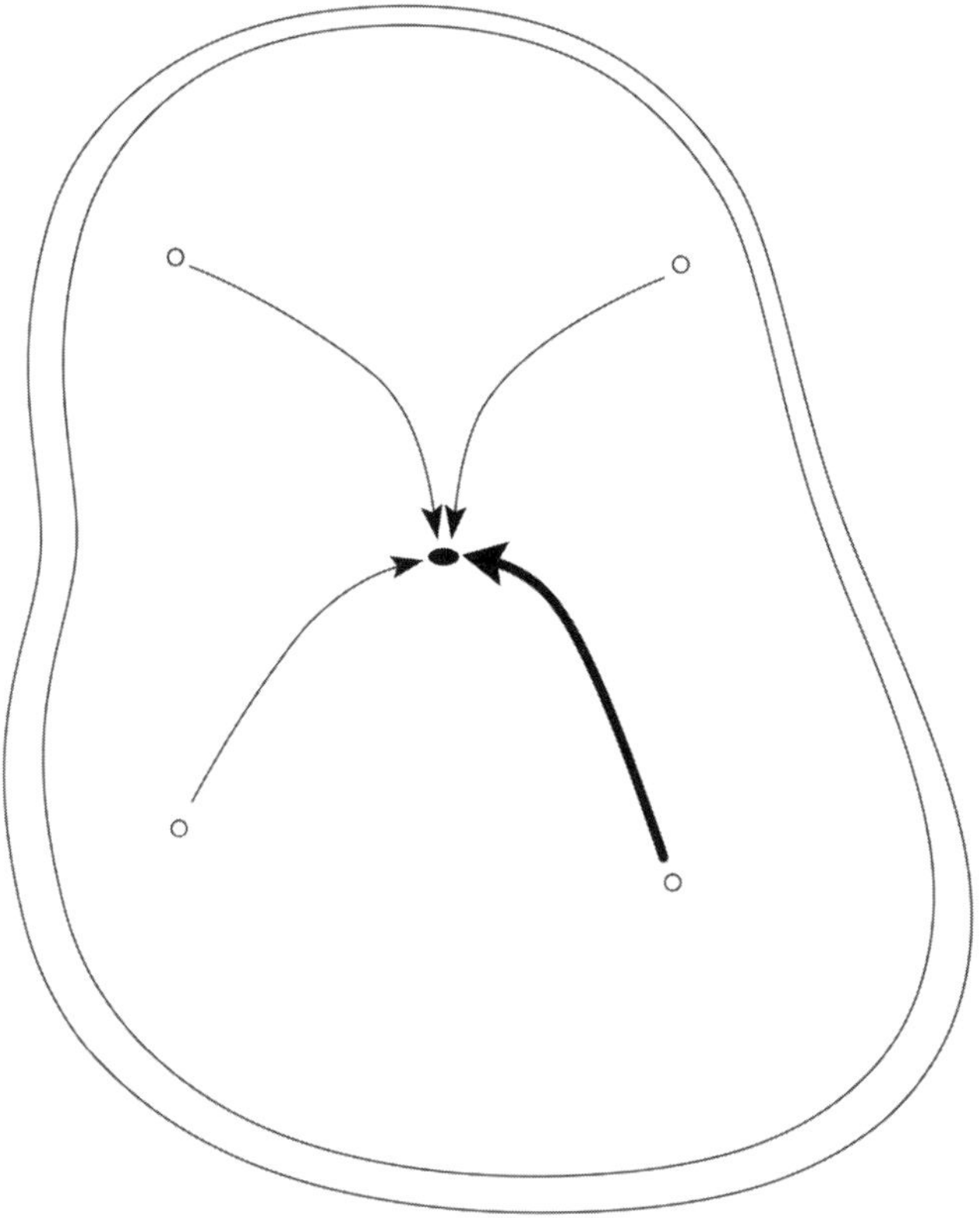

テレビのトーナメント中継のデータなどを見ると、上りのフックラインからバーディを決める選手がもっとも多いことに気づかされる。こうしたマネジメントが、パットシングル入りのキッカケにもなる。

切れそうで切れない短いパットを決めるコツ

1〜1・5メートルの入れ頃はずし頃のパット。米ツアープロたちのデータを耳にしたことがありますが、3フィートのカップイン率の平均は95パーセントだったそうです。約90センチではカップインしやすくても、これが5フィート、つまり約1・5メートルになると75パーセント前後、6フィートでは50パーセント近くまで低下したといいます。

それだけ微妙な距離はプロでも難しいわけですが、カップイン率をどれだけ高められるかが、パットシングルになれるかどうかの分岐点ともいえるのです。

距離は1〜2メートルだが、右や左に軽く切れるライン。これを確実に決められるようになる方法を、こっそり教えましょう。

カップの右端を狙いたい、緩やかなフックラインを想定します。通常であればカップの右端にフェースを真っ直ぐ合わせて、体の向きもラインと平行にします。しかし、体の向きの微調整が意外に難しく、体が右を向きすぎたり、打つときに左に引っかけたりしがちです。

そこで、フェースだけをカップの右端に向けておき、体のラインはカップの中央に対してスクエアにセットします。軽いフックラインでも、ボールとカップ中央を結ぶ直線のラインと平行に構え、カップのど真ん中に打つ気持ちでストロークするのです。

パターを振る方向に対してフェースの面を軽く開いていますから、わずかに右に打ち出されて、ラインに乗りやすくなります。ちょっとしたストローク軌道のブレが生じても、ミスの許容の幅が広いのです。軽いスライスラインなら、この逆となります。

こうした「保険をかける」ストロークの考え方を知っておくと、切れそうで切れないラインでも迷わずにストロークできるようになり、大きな自信が芽生えることでしょう。

軽いフックラインでは、フェースだけを少し右に向け、体はカップの中央に対してスクエアに構えるといい。あとはカップの中央を狙ってストロークするだけ。論より証拠。これがカップインの確率が高い方法だ。

おわりに

以前の私は、パットが大の苦手でした。アメリカのカレッジに留学した頃から、日本に帰国し、トーナメントに出場するようになってからも、悩みが尽きない状態でストレスも相当なものでした。

パターの構え方や打ち方を変えてみたり、パットの名手と呼ばれるプレーヤーのスタイルを真似してみたり、練習方法を工夫してみたり、試行錯誤の連続です。パターもL字型からピン型、Tバー型、マレット型、ネオマレット型、中尺パター、長尺パターまで、ありとあらゆる形状と種類をテストしてみました。

そこで、気づいたことがひとつ。アドレスやストロークの方法はゴルファーそれぞれで も、そのストロークのスタイルに適応したパターを選ばないと、カップインの確率が向上しないし、上達の妨げになるケースもあるということです。

自分の得意なラインを知り、そのラインにマッチしたパターを使用する。そして、パターの性能や特性を最大限に活用できるアドレスとストロークを実践する。さらには、自分の得意なラインでカップを攻めていくためのコースマネジメントや、タッチの合わせ方などをマスターすれば、どんなときも36パット以下で回れるはずです。

プロのようなロングショットは打てなくても、パットなら超ロングパットがたまに入ることがあるせいか、パットが一番プロの真似をしやすいと思われがちですし、パットの練習を軽視してしまう傾向があります。しかし、決してそうではないことも十分にわかって頂けたと思います。

本書を通じて、「パットって、こんなに奥が深いのか」と、理解していただければ幸いです。奥が深いから、楽しさが増すのです。やり甲斐も生まれます。パットが好きになれば、練習も苦にならなくなるはずです。

最後に、『ゴルフ　無駄な知識を捨てる技術』に引き続き2冊目を出版していただいた池田書店さん、構成者の三代崇氏、編集の菊池企画の菊池真氏をはじめ、本書の製作に尽力いただいた皆様にこの場をお借りして御礼申し上げます。

２０１１年夏

中井　学

著者

中井 学（なかい がく）

1972年（昭和47年）大阪府生まれ。14歳からゴルフを始め、高校3年時に日本ジュニア出場。その後アメリカに留学。シトラスカレッジ（カリフォルニア州）では大学選抜として活躍。永住権を得られず、アメリカでのプロ転向を断念し1997年帰国。2003年よりプロコーチ活動開始。これまでに数多くの選手の初優勝、初シード入りに貢献する。ツアーに帯同する傍ら、2009年より本拠地を東京に移しレッスンを展開。プロ、アマ問わず、多くの悩めるゴルファーの駆け込み寺となっている。著作に『ゴルフ 無駄な知識を捨てる技術』（小社刊）、『スイングイメージは直線』（ベースボール・マガジン社刊）、新聞、雑誌等での連載多数。

近況等は中井学ホームページ http://www.nakaigaku.com

ツイッターアカウント @nakaigaku

STAFF

構成／三代 崇

イラスト／鈴木真紀夫

本文デザイン・DTP／石垣和美（菊池企画）

編集／株式会社菊池企画

企画プロデュース／菊池 真
〈shin@kikuchikikaku.co.jp〉

ゴルフ パットシングルになる！

●協定により検印省略

著　者　中井　学

発行者　池田士文

印刷所　萩原印刷株式会社

製本所　萩原印刷株式会社

発行所　株式会社池田書店
〒162-0851　東京都新宿区弁天町43番地
電話03-3267-6821（代）／振替00120-9-60072
落丁・乱丁はおとりかえいたします。

ISBN978-4-262-16364-2

18044008